Ö

Henriette und Walter Klier

Bergwanderungen im Ötztal

50 ausgewählte Berg- und Talwanderungen
im Gebiet des Ötztals,
der Ötztaler und der Stubaier Alpen

BERGVERLAG RUDOLF ROTHER GMBH – MÜNCHEN

Umschlagbild:
Das 2. Wetterkreuz
Foto: Henriette Klier

Sämtliche Fotos von den Autoren

Wanderkärtchen: © Freytag & Berndt, Wien
Die Kartenausschnitte im Maßstab 1 : 50 000 wurden der
f&b-Wanderkarte 251 "Ötztal – Pitztal – Kaunertal – Wildspitze" entnommen.

1. Auflage 1991

ISBN 3-7633-4094-7

Gesamtherstellung Rother Druck GmbH, München
(2296 / 0196)

9 2 0 3 3 4 8

Vorwort

Das Ötztal war und ist ein Tal der Superlative: Es ist mit etwa 70 Kilometer das längste Seitental des Inntals. Seinem Bergkranz – Stubaier und die eigentlichen Ötztaler Berge – entragen mehr als 300 Gipfel mit über dreitausend Meter Höhe. Hier finden sich ausgedehnte Gletschermassen, die heute von den Ötztaler Gletscherbahnen erschlossen werden.
Dieser Wanderführer beinhaltet fünfzig Wanderungen vom Ort Oetz bis in die Regionen des Alpenhauptkammes und zwar beiderseits – östlich und westlich – der eigentlichen Ötztaler Talfurche. Das schließt auch den Teil der Stubaier Alpen mit ein, der vom Ötztal aus leicht zugänglich ist. Im Einzugsgebiet dieses Wanderführers bieten mehr als 30 Alpenvereinshütten, private Unterkünfte sowie bewirtschaftete Almen Einkehr- und Übernachtungsmöglichkeiten für den Wanderer an. Sie bilden mit Sicherheit die beliebtesten und am einfachsten erreichbaren Wanderziele.
Der auf weiten Strecken unverbaute Talboden von der Ortschaft Oetz bis Zwieselstein ist von einem Wanderwegenetz durchzogen, das vor allem für erholungssuchende Spaziergänger beschrieben wurde, die größere Steigungen vermeiden möchten. Die vielen kleinen Weiler, idyllisch im Wiesenplan gelegen, laden allemal zu einem Besuch ein. Einen besonderen Reichtum des Tales stellen die Bäche, Wasserfälle und zahlreichen Bergseen dar, die nur auf Schusters Rappen zu erreichen sind: In den Wäldern, vor allem an Almen und in den Karen leuchten sie in den schönsten Blau- und Grüntönen.
Für den ambitionierten Bergwanderer wurden einige alpine Höhen- und Gletscherwanderungen beschrieben. Wer erst einmal die ersten paar hundert Höhenmeter erklommen hat, wird nicht nur an Aussicht gewinnen, sondern auch ein neues Gefühl der Weite erfahren, das ihn immer wieder den warmen Heuduft des Tales verlassen und rauhen Jochwind und Gletscherluft suchen läßt.
Apropos "Gletscherluft": Im Herbst 1991 machten Bergsteiger am Hauslabjoch über der Similaunhütte einen archäologisch sensationellen Fund – der Gletscher hatte den Körper eines Mannes freigegeben, der hier in einer Felsspalte vor viertausend Jahren erfroren war. Es handelt sich um einen Jäger aus der frühen Bronzezeit. Reste seiner Bekleidung und verschiedene Ausrüstungsgegenstände wie ein Bronzebeil, Pfeile, Köcher, Bogen, Steinmesser, Feuersteine, Proviantdose aus Birkenrinde, Tragkorb, Netz, u.a. können einen Aufschluß über die Lebensweise und den letzten Weg, den der "Mann aus dem Eis" begangen hat, geben.

Innsbruck, im Herbst 1991   Henriette und Walter Klier

Inhaltsverzeichnis

Touristische Hinweise

Zum Gebrauch des Führers

Zu jedem einzelnen, im Inhaltsverzeichnis aufgeführten Tourenvorschlag erhält der Leser alle Informationen, die für die Durchführung der Tour wichtig sind: Talort und Ausgangspunkt, Teilabschnitte der Wanderungen mit Gehzeiten, Angaben zu Anforderungen und zu Einkehrmöglichkeiten, der höchste Punkt der Wanderung wird ebenso genannt wie Besonderheiten und Sehenswertes. Eine genaue Charakteristik und Routenbeschreibung der Wanderung, die durch eine Karte mit eingezeichnetem Routenverlauf ergänzt wird, macht jedes weitere Karten- und Informationsmaterial überflüssig. Um unnötige Wiederholungen zu vermeiden, aber auch, um ein Angebot für Schlechtwettertage vorzufinden, werden die einzelnen Talorte mit ihrer touristischen Infrastruktur sowie Ausflugsziele und Naturschönheiten zu Beginn gesondert präsentiert. Das Stichwortverzeichnis am Ende des Führers ist eine nützliche Nachschlagehilfe, es beinhaltet alle wichtigen geografischen Punkte der vorgestellten Wanderungen. Auf der letzten Umschlagseite gibt eine Übersichtskarte die Lage der 50 Wandervorschläge dieses Führers an.

Anforderungen

Die meisten Wanderungen verlaufen auf gut instandgehaltenen und markierten Steigen und Wegen. Dies sollte jedoch nicht darüber hinwegtäuschen, daß manche Stellen Trittsicherheit und Schwindelfreiheit erfordern. Außerdem ist zu beachten, daß die Touren im Frühsommer und nach längeren Schlechtwetterperioden erhöhte Schwierigkeiten aufweisen können. Um die jeweiligen Anforderungen besser einschätzen zu können, wurden die Nummern der Tourenvorschläge mit verschiedenen Farben markiert.
Die Farben erklären sich wie folgt:

BLAU

Hierbei handelt es sich um ausreichend breite, mäßig steile, gut und lückenlos markierte Wege, die sich überwiegend in Tallagen und Almregionen unterhalb 1800 Meter bewegen. Sie sind auch bei unsicherem Wetter relativ gefahrlos zu begehen und damit auch bestens für Familien mit Kindern oder für Senioren geeignet. Die Gesamtgehzeit beträgt höchstens 4 Stunden.

ROT

Diese Wege sind ebenfalls ausreichend markiert, teilweise aber bereits schmal und recht steil angelegt; sie bewegen sich meist in Höhenlagen unter 2500 Meter und sollten nur von erfahrenen, mit entsprechender Ausrüstung ausgestatteten Wanderern angegangen werden. Rote Tourenvorschläge bieten tagesfüllende Unternehmungen.

SCHWARZ

Auch diese Steige sind ausreichend markiert, überwiegend aber schmal und über weite Abschnitte steil angelegt. Sie können sich bereits in hochalpinen Lagen über 2500 Meter bewegen. Stellenweise können sie sehr ausgesetzt sein, manchmal wird die Zuhilfenahme der Hände notwendig. Dies bedeutet, daß diese Steige nur von absolut trittsicheren, konditionsstarken, alpin erfahrenen und entsprechend ausgerüsteten Wanderern begangen werden sollten. Die Gesamtgehzeit kann auch über 7 Stunden betragen.

Ausrüstung

Festes Schuhwerk, eine der Witterung angepaßte, bequeme Kleidung, Rucksack mit Pullover, Mütze, Anorak, Regen- und Sonnenschutz, Proviant und genügend Flüssigkeit sowie ein kleines Erste-Hilfe-Set werden zur Mitnahme empfohlen.

Gehzeiten

Die zu den Wegstrecken angegebenen Gehzeiten sind für den durchschnittlichen Wanderer berechnet, beinhalten aber nicht die erforderlichen Pausen.

Einkehrmöglichkeiten

Die auf den Wanderrouten gelegenen Gasthäuser, Jausenstationen, Almen mit einfacher Bewirtungsmöglichkeit in den Sommermonaten und die Schutzhütten alpiner Vereine (mit Betten- und Lagerzahl, soweit eine Übernachtung ratsam ist) sowie Öffnungszeiten sind unter "Einkehrmöglichkeiten" im Beschreibungskopf jeder Tour gesondert aufgeführt.

Gefahren

Obwohl die meisten der angeführten Wanderungen gebahnten und bezeichneten Wegen und Stegen folgen, ist zu beachten, daß sie teilweise in hochalpines Gelände führen, in dem ein plötzlicher Wetterumsturz fatale Folgen haben kann. Einzelne Wanderungen queren Firnfelder und Moränen: Trittsicherheit, die richtige Ausrüstung, ein Grundmaß an alpiner Erfahrung, das vor allem die richtige Einschätzung der möglichen Gefahrenmomente ermöglicht, sind unumgängliche Voraussetzung zur Begehung dieser Touren. Bei der Begehung abrutschgefährdeter Stellen, der Querung steiler Hänge oder im steinschlaggefährdetem Gelände ist erhöhte Vorsicht am Platz. Das größte Gefahrenmoment in hochalpinem Gelände ist eine plötzliche Wetterverschlechterung. Es ist deshalb ratsam, sich vor jeder Tour, die in größere Höhen führt, über die Wetterlage zu informieren. Der Alpenverein hat zu diesem Zweck einen Wetter-Informationsdienst eingerichtet, der unter folgenden Nummern zu erreichen ist:
Deutschland 089 / 295070 oder 089 / 11509.
Österreich 0043 (für Österreich) / 512 / 1567.
Besondere Beratung 0043 / 512 / 891600.

Brücken und Stege

Brücken und Stege in hochgelegenen Gebieten werden im Herbst am Saisonende an den Seiten der Bäche abgelegt. Das Überqueren der Bäche kann folglich, besonders nach Regenfällen, in dieser Jahreszeit Schwierigkeiten bereiten.

Die Almböden der Fundusalm.

Orte der Region

Bichl und Höfle, 1550 m.
Nördlich von Niederthai am Sonnenhang gelegene Siedlung mit Gasthäusern. Zufahrtsstraße. Wanderwege.

Burgstein, 1424 m, und Brand, 1385 m.
Auf Wiesenplateaus gelegene Weiler östlich über dem Längenfelder Becken; in Burgstein zahlreiche Gaststätten. Die Fahrstraße zweigt kurz vor Huben von der Talstraße ab und führt in kühnen Serpentinen durch Felsgelände nach Burgstein empor. Fußweg siehe Tour 25.
Sehenswert: Kapelle mit Altar von Cassian Götsch (1682). Schalenstein.

Granstein, 1469 m.
Kleiner Weiler nördlich oberhalb von Sölden; auf Fahrstraße erreichbar (Abzweigung von der Talstraße kurz vor Becken von Sölden, siehe Tour 31).

Gries im Sulztal, 1569 m.
Einziger Hauptort des kleinen Sulztals, das bei Längenfeld ins Ötztal mündet, gut ausgebaute Fahrstraße, Busverkehr von Längenfeld. Die Ansiedlung entstammt der planmäßigen Besiedlungsphase des Spätmittelalters, um 1400 standen hier Schwaighöfe, die dem Kloster Frauenchiemsee und dem Landesfürsten gehörten. Im noch älteren Winnebach (vgl. Tour 22) wohnten damals bereits freie Bauern.
Sehenswert: Mariahilf-Kirchlein von 1655, beliebte Wallfahrt im 18. Jh., das Gnadenbild ist eine Kopie des Marienbildes von Lukas Cranach in Innsbruck.

Habichen, 850 m.
5 km südlich von Oetz in einer Talweitung inmitten von Wiesen gelegen. Ruhiger Ort, die Bundesstraße führt westlich am Ort vorbei. Ausgangspunkt für die Wanderungen zum Piburger See, zu den Achstürzen, zur Kohlstatt, zum Seejöchl, zur Armelenhütte; ein Abstiegsweg von der Acherberger Alm (Hochoetz) trifft bei Habichen den Talgrund.
Sehenswert: Das 1712 geweihte Kirchlein "Zum bitteren Leiden Jesu Christi am Ölberg". Glockengießerei des Bartolomä Grassmayr von 1599 mit Fresken von 1633 (Darstellungen des Glockengusses). Die Glockengießerei wurde 1836 nach Innsbruck verlegt, wo sie noch besteht. Die Achstürze über der Wellerbrücke und der Habicher See.

Hochgurgl, 2154 m.
In erster Linie als Wintersportort konzipiertes Hoteldorf knapp über der Waldgrenze an der Timmelsjoch-Hochalpenstraße (bis hierher mautfrei). Mehrere

Lifte, die im Sommer allerdings wie auch ein Teil der Hotels außer Betrieb sind. Fußweg von Untergurgl bzw. Obergurgl, vgl. Tour 50.

Köfels, 1403 m.
Die Zufahrtsstraße zweigt ca. 2 km talein von Umhausen von der Talstraße ab. Fußweg. Idyllische Wiesenhochfläche mit Alpengasthof Köfels und Gasthof Edelweiß.

Kühtai, 2017 m.
Hotelsiedlung auf der Wasserscheide zwischen Sellraintal und Ötztal (Ochsengarten), beliebter Wintersportort, aber auch im Sommer als Ziel für Autoausflüge und als Ausgangspunkt für Bergwanderungen in den Sellrainer Bergen häufig besucht.

Längenfeld, 1100 m.
Der langgezogene Ort erstreckt sich mit den Ortsteilen Au, Espan, Dorf, Winklen, Unter- und Oberried, Lehner, Au, Astlehn, Runhof und Huben über die dritte Talterrasse des Ötztals, fast 8 km lang. Aus dem ebenen Talboden ragen die Talflanken steil auf, im Osten eingeschnitten durch die steile Mündung des Sulztals. Im Lauf der Entwicklung des Längenfeldner Fremdenverkehrs ist eine große Anzahl von Unterkunftsmöglichkeiten und eine Reihe von Einrichtungen für Freizeitgestaltung und Sport entstanden: geheiztes Freischwimmbad, modern eingerichteter Campingplatz, Tennis. Dies gilt für Sommer und Winter. Die grüne Weite des Geländes bringt es mit sich, daß hier nicht nur Bergsteiger jeder Richtung auf ihre Rechnung kommen, sondern auch Wanderer. Zahlreiche Berggasthöfe / Almen können von Längenfeld erreicht werden: Berggasthöfe in Köfels, Ghs. Waldesruhe, Stabelealm, Innerbergalm, Breitlehnalm, Pölltalalm, Ebenalm / Hahlkogelhaus, Vordere Pollesalm, Gasthöfe von Aschbach, Gasthöfe in Burgstein, in Brand, Wiesle. Schon bald nach der Jahrhundertwende kamen Besucher nach Längenfeld: die einen, um die Berge zu besteigen, andere suchten das ehemalige Schwefelbad in Längenfeld auf. Heute versucht man die Quelle wieder zu nutzen. Im Ort das Ötztaler Heimatmuseum. In Unterlängenfeld das Geburtshaus des Gletscherpfarrers Franz Senn; Denkmal. Längenfeld bietet heute im Sommer jede Menge kultureller Veranstaltungen: Heimatbühne Längenfeld, großes Längenfelder Kinderfest mit Kreativprogramm, Trachtenfest im August mit Schau über Ötztaler Bauernarbeit, Sportwettbewerb. Straßenmusikantenfest in Huben. Im November Kunsttreff "Herbstwind". Climbing-Center: Klettergarten in Nößlach mit Routen von V - IX.
Sehenswert: Katharinenkirche in Oberlängenfeld, jetzt Pfarrkirche, 1303 urkundlich erwähnt, 1518 umgebaut, 1690 erweitert und innen barockisiert, Taufstein aus gotischer Zeit, Altarbild von Franz Altmutter (1807). Dreifaltigkeitskirchlein am Kropfbichl ("Bichlkirche"), 1661 als Kirche des Pestfriedhofs

Die Kirche von Niederthai im Horlachtal.

erbaut, 1666 geweiht, gutes Beispiel für die Nachwirkung des gotischen Stils und dessen Mischung mit neuen Elementen im ländlichen Raum, Hochaltar von Cassian Götsch (1670). Bis zur Schließung unter Josef II. (1786) betreute ein Einsiedler Kirche und Friedhof. Das achteckige "Schneiderkirchlein" (1701) in Unterlängenfeld, beim Sennhof, dem Geburtshaus des "Gletscherpfarrers" Franz Senn. Ötztaler Heimatmuseum. In Huben Kirche zum Hl. Martin von 1679, 1805 umgebaut.

Niederthai, 1537 m.
Einziger Talort im Horlachtal, Fahrstraße von Umhausen, besteht aus einigen kleinen Weilern in idyllischer Talweitung: Sennhof, Tölderboden, Ennebach, Überfeld und Lehen. Kleinbusverkehr von Umhausen. Mehrere Gaststätten. Auf guter Straße von Umhausen zu erreichen; Fußwege.
Sehenswert: Kaplaneikirche St. Antonius, 1682 erbaut, barocke Ausstattung.

Obergurgl, 1907 m.
Florierendes Hotel-, aber auch Bergbauerndorf am Ende des Gurgler Tals. Winters wie sommers von internationalem Publikum gerne besucht. Ausgangspunkt zahlreicher lohnender Spaziergänge, Wanderungen und Hüttenanstiege im Gurgler Tal sowie in die kleinen Hochtäler, die von Südosten in das Gurgler Tal münden.
Sehenswert: Pfarrkirche zum Hl. Johannes Nepomuk von 1726, 1967 nach Plänen von Clemens Holzmeister stark vergrößert.

Oetz, 812 m.

Hauptort des äußeren Ötztals, mit den umliegenden Orten Piburg, Habichen, Oetzerau, Schlatt, Stufenreich, Oetzerberg, Ebene. Oetz wird bereits im Jahr 1163 urkundlich erwähnt. Heute ein beliebter Sommer-Urlaubsort, der sich viel vom alten Stil und der Gemütlichkeit früherer Sommerfrischen erhalten hat. Im weiten, flachen Talbecken gelegen, bietet Oetz ausgedehnte Wanderungen in alle Himmelsrichtungen. Die Doppelsesselbahn Hochoetz erschließt zahlreiche neue Wege, je nach Geschmack leicht oder etwas anspruchsvoller, aber immer mit umfassender Rundsicht. Im Ort: geheiztes Freischwimmbad, Tennisanlage, reichhaltiges kulturelles Freizeitangebot, Einkaufszentrum.

Sehenswert: Pfarrkirche zu den Heiligen Georg und Nikolaus, beherrschend auf einer Felskuppe über dem Ort gelegen, über der älteren Michaelskapelle (1304) um 1498 erbaut, 1667 restauriert und erweitert. "Galerie zum alten Ötztal", Heimatmuseum an der Straße nach Piburg, umfassende Sammlung alter Abbildungen des Tales. Gasthof Stern, an der Stelle eines Meierhofs aus dem 13. Jh. erbaut, später Gerichtshaus, Außenwände 1573 und 1615 reich mit Fresken bemalt. Ungefähr gleich alt sind die Sennerei, der Turm, das Stecherhaus, das "Platzlhaus" und der alte Teil des Posthotels "Kassl".

Oetz-Ebene, 780 m.

In der Nähe des Stuibenfalls der Auer Klamm, wie fast alle Orte und Weiler des Ötztals bei stündlichem Busverkehr leicht erreichbar.

Piburg, 970 m.

Kleiner Ort über dem Piburger See mit schönen alten Häusern. 3 km auf der Straße, zu Fuß ¾ Stunde.

Schlatt und Stufenreich, 1130 m - 1250 m.

Am Hang über Oetz in ruhiger Erholungslandschaft gelegen. Zufahrtswege und Wanderwege, 5 km von Oetz, 1 Stunde zu Fuß.

Sölden, 1377 m.

Mittelpunkt der Innerötztaler Tourismusregion. Im Sommer wie auch im Winter vielbesuchter Ferienort mit großer Freizeitarena und einer Vielzahl von Unterkunftsmöglichkeiten für alle Ansprüche. Ötztal-Arena, die Sportarena der Alpen mit dem Gletscherski- und Tourengebiet um den Rettenbachferner und Tiefenbachferner. Zur Gemeinde Sölden gehören die Orte Hochsölden, Sölden-Zwieselstein, Obergurgl, Hochgurgl, Untergurgl und Vent. Am südlichen Ortsausgang von Sölden, beim Ortsteil Pitz, beginnt die Gletscherstraße, die zum Rettenbach- und Tiefenbachferner mit dem Skigebiet führt. Durch die Gletscherstraße (Mautstraße) sind diese Gebiete mit Sölden verbunden. Sie führt (12 km) bis auf eine Höhe von 2800 m direkt zu den Gletschern hinauf; Straßentunnel zum Tiefenbachferner. Von dieser Panoramastraße zweigt der

Fahrweg nach Hochsölden nach ca. 1 km rechts ab, der Weg nach Gaislach aber nach links, etwa 500 m nach Beginn der Gletscherstraße. Von der Ortsmitte in Sölden Sesselbahn nach Höchsölden, Seilbahn auf den Gaislachkogel, 3056 m.
Sehenswert: Pfarrkirche Mariä Heimsuchung, 1521 an der Stelle einer älteren Kapelle erbaut, 1752 umgebaut, vergrößert, innen barockisiert. Die Kirche hat jedoch ihren gotischen Charakter behalten. Heiligkreuz, malerisch auf einem Felshügel gelegene Kaplaneikirche von 1804.

Umhausen, 1031 m.

Älteste Siedlung des Ötztals, hat sich den Charakter des echten Tiroler Dorfes bewahrt; viele alte Bauernhöfe und Brunnen. Hauptort der zweiten Talstufe, von weiten Wiesengründen umgeben, auf dem Schuttkegel des Horlachbachs gelegen. Vom Bahnhof Ötztal 15 km, von Innsbruck 50 km. Fremdenverkehrsort mit zahlreichen Gaststätten, solargeheiztem Freischwimmbad, Tennisplätzen, Rafting- und Kajakfahren auf der Ache, Rad- und Mountainbikenetz, Paragliding, Klettergarten. Im Sommer reichhaltiges Kulturprogramm, Ausstellungen, Konzerte, internationales Kultursymposium, Kinderanimationsprogramm. "Umhausener Kunsttreff" im September. Zur Gemeinde Umhausen gehören die Orte Tumpen und Köfels.
Sehenswert: Pfarrkirche St. Veit, 1220 erwähnt, gilt als älteste Kirche der Gegend. Um 1515 umgebaut, 1771 um eine Kapelle erweitert. Freskenfragmente aus der Zeit um 1330. In der Totenkapelle im Friedhof ein Vesperbild aus dem 14. Jh. Pfarrkirche St. Martin von 1664/66 in Tumpen, 1719 vergrößert, 1879 neuromanisch ausgestaltet. Gasthaus Krone mit schönem Renaissanceerker und Stubengetäfel aus dem Jahr 1684.

Untergurgl, 1790 m.

Kleine Ansiedlung mit einigen Gaststätten und schmucker Kapelle im Talboden des Gurgler Tales, kurz vor der Abzweigung der Timmelsjoch-Hochalpenstraße.

Vent, 1895 m.

Am Zusammenfluß des Rofenbaches und des Niedertalbaches gelegen. Die steile Talleitspitze, 3406 m, ragt direkt über Vent auf. Sie ist schon von weitem bei der Fahrt nach Vent sichtbar. Früher kleine Bergbauernsiedlung, heute touristischer und sportlicher Mittelpunkt des inneren Tales. Eine der höchstgelegenen Dauersiedlungen des Landes, die Rofenhöfe (Tour 40), sind mit 2014 m die höchsten heute noch bewirtschafteten Bauernhöfe Tirols. Vent wurde von Süden aus dem Schnalstal besiedelt. Auch heute noch werden Jahr für Jahr Tausende von Schafen über das Hochjoch (Tour 41) zu den Almen innerhalb von Vent getrieben. In Vent wirkte von 1860 bis 1872 der Gletscherpfarrer Franz Senn, einer der Begründer des Alpenvereins. Venter

Steinböcke im Gebiet der Frischmannhütte.

Rundwanderung ab Haus Granbichler am Waldrand entlang oberhalb des Schleppliftes Gampen.
Sehenswert: Kirche zum Hl.Jakob von 1712 an der Stelle einer 1502 erbauten Kapelle, 1792 von einer Lawine zerstört, danach in der jetzigen Form wieder aufgebaut. Der Hochaltar stammt aus der aufgelassenen Kartause in Schnals (Südtirol), von wo her das südliche Ötztal ursprünglich besiedelt worden war.

Naturschönheiten und Ausflugsziele

Achstürze über Oetz und Habichen.
Urtümliches Waldgebiet. Die großen Felsbrocken wurden bei einem Felssturz vor ca. 10 000 Jahren hierher verfrachtet.

Almgebiete über Sölden.
In der Umgebung von Hochsölden, vor allem aber auf der der Sonne zugewandten Berglehne im Osten findet der Wanderer noch weite Almgebiete, auf denen im Sommer noch die traditionelle Almwirtschaft betrieben wird, wie zum Beispiel auf der Stallwies- und Kleblealm, auf der Lochlealm, Stabelealm, und Brunnenbergalm.

Bergsturzgebiete rund um Umhausen.
Von Geologen vielfach wissenschaftlich untersucht. Ein solcher Bergsturz brach von der Armelenwand nieder. Die heute bewaldeten Trümmermassen bilden einen großen Teil der Stufe und des Riegels, die das Talbecken nördlich von Tumpen abschließen. Dieses harte Gestein benützt man für den Straßenbau und andere Bauzwecke. Nach der letzten Eiszeit ist der gesamte Kamm über Köfels ins Ötztal niedergebrochen. Der Wenderkogel über Köfels muß ursprünglich 400 m höher gewesen sein.

Bewässerungskanäle.
Ehemals rund um Umhausen künstlich angelegt, heute allerdings kaum noch zu sehen. Sie bilden heute gemütliche Wanderwege, so z.B. oberhalb von Köfels und unterhalb des Stuibenfalls.

Engelswand.
Eine direkt aus dem Talboden bei Platzl - Lehn aufragende Felsmauer. Ihren Gipfel bildet der Farster Kogel, 1988 m. Besonders eindrucksvoll von der Armelenhütte aus zu sehen.

Gaislacher See, 2704 m.
Großer Hochgebirgssee, von der Bergstation der Gaislachkogelbahn im Abstieg erreichbar. Im Aufstieg von der Gaislachalm.

Grasstallsee, 2533 m.
Im obersten Grasstalltal bei Niederthai, mit gewaltiger Fels- und Gletscherkulisse.

Gransteiner Almen, 1800 - 2200 m.
Schönes Hochalmengebiet mit steilen Wiesen. Lohnender Rundblick.

Großer Gurgler Ferner.
In den letzten Jahren ist er im unteren Teil weitgehend abgeschmolzen, seine Ausdehnung ist aber immer noch beeindruckend. Schön zu sehen vom Weg zum Ramolhaus.

Grube, 1675 m.
Gastwirtschaft auf kleiner Wiesenfläche in außergewöhnlicher Lage am Talhang über dem Weiler Bruggen (dritte Talenge). Fußweg (1 Stunde) von Bruggen auf bezeichnetem Steig bzw. Forstweg.

Hauersee, 2383 m, und Spitzigseen, ca 2400 m.
Einsame Bergseen inmitten steiler Felsberge.

Habicher See.
Kleiner See westlich von Habichen.

Heiligkreuz im Venter Tal, 1710 m.
Die Kirche steht auf einem schroffen Felsen. Vorgeschichtliche Kultstätte. Wanderweg von Bodenegg.

Hochjochferner.
Mit dem vergletscherten Hochjoch, das die Grenze zwischen Nordtirol und Italien bildet. Vom Weg zum Berggasthaus Schöne Aussicht bietet sich eine grandiose Gletscherschau mit den höchsten Gipfeln der Ötztaler Alpen bis zur Fineilspitze, 3514 m.

Hochoetz, 1900 - 2000 m.
Sonnige, sanft gewellte Hochfläche mit besonders schönem Bestand alter Zirben. Im Juli kann man dort die Alpenrosenblüte erleben.

Horlachtal.
Am Ausgang des Horlachtales liegt Niederthai. Fast unberührtes Wiesental, von steilen Berghängen eingefaßt. Das in Ötztaler Ortsnamen häufig vorkommende "tai" oder "thai" ist ein ehemals romanisches Wort: taija bedeutet Viehlagerplatz um die Almhütte. Auch hier in Niederthai bestand ursprünglich eine Ansiedlung, die zwar nur im Sommer bewohnt, aber voll bewirtschaftet wurde.

Kaiserbergalm, 2015 m.
Almwirtschaft nordöstlich über dem Söldener Becken, am Weg über das Atterkarjöchl, 2976 m, einer Verbindung zwischen Sulztal (Amberger Hütte) und Sölden, gelegen. Auf einem Fußweg vom Weiler Kaisers (in 1½ - 2 Stunden erreichbar).

Die Neue Bielefelder Hütte.

Kropfbichl, 1206 m.
Mit der Dreifaltigkeitskirche, Fußweg (½ Stunde) von Längenfeld (siehe Tour 21).

Laubkarsee, 2759 m, und Seekarsee, 2658 m.
Hochgelegene Bergseen in wilder Bergumrahmung. Etappenziele bei der Rundtour zur Hochstubaihütte (Wanderung 35).

Lenzenalm, 1896 m.
Almwirtschaft südlich von Zwieselstein am westlichen Talhang. Auf bezeichnetem Weg von Zwieselstein in 1 Stunde erreichbar, von der Straße nach Gurgl beim "Sahnestüberl" in ½ Stunde.

Martin-Busch-Hütte, 2501 m.
Von Vent auf breitem, bequemem Weg in 2½ Stunden zur Hütte.

Nederweg.
Fußweg von Längenfeld nach Gries im Sulztal, Bez. Nr. 131; 1½ Stunden.

Obergurgl, ca. 2000 m.
Um das höchste Kirchdorf der Ostalpen breiten sich weite Wiesen aus, die

ehemals die Grundlage der Landwirtschaft der Bewohner waren; heute noch bearbeitet, bilden diese freien Hänge mit dem sommerlichen Blumenteppich den Hauptanziehungspunkt für die Besucher. Sehenswerter alter Zirbenbestand am Rand der Wiesen, vor allem am Eingang des Gurgler Tales.

Oetzerau, 1013 m.

Kleiner gemütlicher Ort am Sonnenhang über Oetz. 3 km auf der Straße von Oetz. Spazierweg ½ Stunde.

Oetzerberg, 1420 m.

Kleine ländliche Ansiedlungen an der Berglehne über Oetz. Ein gutes Wegenetz verbindet die einzelnen Häusergruppen.

Ötztaler Gletscherpanorama.

Von den mit Aufstiegshilfen oder über die Gletscherstraße von Sölden aus erreichbaren Aussichtspunkten Gaislachkogel, Rettenbachferner und Tiefenbachferner. Von den belebten Plätzen kann man die gewaltige Gletscherwelt der Ötztaler Berge bewundern.

Piburger See, 915 m.

Einer der wärmsten Badeseen Tirols; 800 m lang und 30 m tief. Er liegt etwa ½ Gehstunde oberhalb von Oetz in einer Mulde, die durch einen Bergsturz gebildet worden ist. Im nördlichen Teil ist seit 1970 ein Gebiet für limnologische Studien der Universität Innsbruck, Institut für Zoologie, Arbeitsgruppe "Ökosystem Studie Piburger See" abgegrenzt. Strengstes Naturschutzgebiet: Baden nur in der Badeanstalt am Südende des Sees erlaubt.

Platzl mit Kapelle Maria Schnee.

Die kleine Kirche steht mitten in den Wiesen südlich des Ortes.

Ramolalm, 2215 m.

Südlich über Vent, gut ausgebauter Weg; 1 Stunde.

Rettenbachtal.

Gasthaus Falkner, Restaurants Rettenbach und Tiefenbach. Gastbetriebe im Bereich der Söldener Gletscherstraße (Maut), siehe Tour 29 und 32.

Rofenhöfe, 2011 m.

Höchstgelegene Höfesiedlung Österreichs mit weiten Wiesen- und Weidegebieten; Gasthaus. Das hier genutzte Wiesenland geht unvermittelt in schroffe Hochgebirgslandschaft über. Auf schönem Spazierweg von Vent in 35 Minuten zu erreichen; Straßenverbindung (für PKW gesperrt). Rundwanderung Vent - Rofenhöfe - Hängebrücke - Vent 1¾ Stunden.

Das Skigebiet am Tiefenbachferner.

Rotmoosferner und Wasserfallferner.
Diese steilen Gletscher sieht man besonders gut vom Gipfel der Hohen Mut.

Rotmooswasserfall.
Am Weg zur Schönwieshütte über Obergurgl.

"Sahnestüberl".
Urige Gastwirtschaft im vordersten Gurgler Tal, von der Straße nach Gurgl gut sichtbar. Zufahrt auf Fahrweg von dort. Zu Fuß von der Straße (Parkgelegenheit) in wenigen Minuten.

Sandpyramiden.
Bei Gries im Sulztal, oberhalb der Stiftskapelle.

Sattelalm, 1505 m.
Auf dem "Sattel" südlich von Huben, sommers bewirtschaftet, siehe Tour 27.

Schlucht der Rofenache.
Unterhalb der Rofenhöfe bei Vent, überspannt von einer Hängebrücke.

Schönblick, 1410 m.
Gasthaus an der Mittelstation der Oetzer Bergbahnen; aussichtsreiche Lage.
Zu Fuß, mit Lift oder auf der Zufahrtsstraße erreichbar.

Schwarzsee, ca. 2800 m.
Unter dem Schwarzkogel gelegen. Fast das ganze Jahr von Eis bedeckter
See über der Rotkogeljochhütte.

Schwefelsee bei der Amberger Hütte, 2133 m.
Knapp unterhalb der Hütte warme Quelle, 18°C.

Seenplatte auf der Hinteren Fundusalm, ca. 1950 m.
Der große Almboden am Fuß des Blockkogels wird vom Fundusbach durch-
flossen, der hier einen großen und mehrere kleine Seen gebildet hat. Die Seen
haben ganz unterschiedliche Farben; Ein Ausflug hierher lohnt besonders
während der Zeit der Alpenrosenblüte.

Die Rotkogeljochhütte.

Aussichtspunkt über der Rotkogeljochhütte.

Stablein, 2356 m.
Bergstation des Wildspitz-Liftes. Schöner Aussichtspunkt. Ausgangspunkt für den Weg zur Breslauer Hütte, in 1½ Stunden erreichbar; gut bezeichnete Wege.

Stuibenfall.
In der Auer Klamm nördlich von Oetz. Der Nederbach stürzt, vom Kühtai kommend, durch die tiefe Schlucht hinab ins Tal, das er bei der Teufelsschmiede bei Ebene erreicht.

Stuibenfall über Umhausen.
Entstanden durch die gewaltigen Kräfte des Bergsturzes. Die Felsmassen haben das Hairlachtal (Horlachtal) abgeriegelt, der Bach suchte sich ein neues Bett und folgte einer Felsterrasse, über die er heute ins Tal hinab stürzt. Mit 150 m Höhe ist er der höchste Wasserfall Tirols. Auf Fußwegen vom Tal her oder vom Gasthaus Stuibenfall erreichbar. Auch vom kleinen Abstellplatz neben der Niederthaier Straße hat man einen eindrucksvollen Blick auf die Wasserfälle.

Stuibödele.
Jausenstation unterhalb des Stuibenfalls.

Teufelskanzel, 1366 m.
Südwestlich von Längenfeld im schrofendurchsetzten Steilwald über der Ötztaler Ache, 1 Stunde von Längenfeld. Vom Ort wie bei Tour 21 zur Pestkapelle am Kropfbichl. Von hier linkshaltend, die Kehren des neuen Forstweges abschneidend, auf bezeichnetem Steig hinauf zur Teufelskanzel. Weiterweg auf bezeichnetem, aber dürftigem Steig nach Runhof.

Timmelsjoch-Hochalpenstraße und Timmelsjoch, 2509 m.
Mautstraße (ab Hochgurgl), in den Sommermonaten Straßenverbindung zwischen Ötztal und Passeiertal / Meran. Eindrucksvolle Straßenanlage. Grenzübergang 6 - 20 Uhr geöffnet. Von Bahnhof Ötztal 62 km, 1794 m Höhenunterschied. Fußweg ins Timmelstal siehe Tour 37.

Tumpen und Burgstein.
Zwei nahe beieinander liegende Orte im Talbecken von Umhausen. Beliebte Wanderziele und Ausgangspunkt zur Erlanger Hütte, Armelenhütte, Gehsteigalm und Vorderer Tumpenalm.

Weiler Farst, 1520 m.
Schmale Zufahrtsstraße, Wanderweg zu der alten Berbauernsiedlung in ausgesetzter Lage. Jausenstation Farst, täglich Busverbindung ab Umhausen / Musikpavillon 10.30 Uhr.

Wettersee, 2600 m.
Großer Bergsee von besonders schöner blaugrüner Farbe oberhalb der Erlanger Hütte; von steilen Berghängen umgeben. Im Westen ragt die Zakkenkrone des Wildgrats auf.

Wiesenhochflächen von Brand, 1380 m, und Burgstein, 1423 m.
Östlich über dem Haupttal am Hang gelegen, mit schönem Rundblick.

Wiesle, 1528 m.
Über Niederthai gelegen. Wiesenlichtung im Hochwald mit schönem Blick auf die gegenüberliegende Bergkette des Geigenkammes.

Windachtal.
Kleblealm, Lochlealm, Gasthaus Fiegl – wunderbare, urtümliche Almgebiete über Sölden.

Bei der Armelenhütte.

1 Piburger See, 914 m

Zum idyllischen Bergsee bei Piburg

Oetz – Piburger See – Piburg – Haderlehn – Sautens – Oetz

Talort: Oetz, 812 m.
Ausgangspunkt: Untere (nördl.) Brücke über die Ötztaler Ache. An der Talstraße großes Hinweisschild: Piburger See.
Parkmöglichkeit: In Oetz, vor der Brücke.
Gehzeiten: Zum See 35 Min., rund um den See 25 Min., nach Haderlehn über Piburg 20 Min., nach Sautens 30 Min., von Sautens nach Oetz 1 Std.

Anforderungen: Gut bezeichnete Wege.
Höchster Punkt: Haderlehn, 950 m.
Einkehrmöglichkeiten: In allen Orten mehrere Gaststätten.
Sehenswertes: Der Piburger See, ein warmer Badesee, der als Naturschutzgebiet und Universitäts-Forschungszentrum ausgewiesen ist.

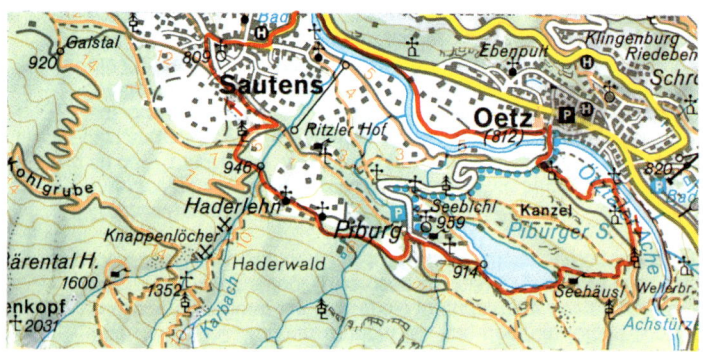

Diese Wanderung führt zu einigen beliebten Zielen rund um Oetz, Mittelpunkt ist dabei der Piburger See mit seinem wildromantischen Ufer, dem urtümlichen Wald, mit den Felsbrocken des eiszeitlichen Felssturzes und der Felskulisse des Acherkogels im Hintergrund. Von **Oetz** auf der Fahrstraße zur Brücke (untere Brandachbrücke) über die Ötzer Ache. Jenseits links von der Straße abzweigen und am Sportplatz und Kinderspielplatz vorbei auf dem breiten Forstweg in einer großen Schleife zum See, den man beim Seehäusl erreicht. Hierher gelangt man auch auf dem Steig, der nach der zweiten Kehre von der Piburger Straße abzweigt und durch Wald zum Seeufer führt. Auch von Habichen erreicht man das **Seehäusl:** vom Südende des Ortes auf dem breiten Zufahrtsweg zum See. Zweigt man in der Nähe der Kohlstatt (Rastplatz mit Bildstöckl und Quelle) von diesem Weg nach links ab, kann man auf einem Waldsteig eine Anhöhe südlich über dem See, das Seejöchl, erreichen. Von hier auf schmalem Steig zwischen den Felsblöcken durch Wald hinab zum

Piburger See mit Blick nach Norden zum Tschirgant.

See oder direkt weiter nach **Piburg**. Den See kann man auf einem gut angelegten Weg umrunden (am Südende Schwimmbad und Bootsverleih); im übrigen Ufergebiet ist Baden verboten. Im Nordzwickel befindet sich die Forschungsanlage der Universität Innsbruck. Der Weiterweg nach Sautens führt vom Südende des Sees auf breitem Weg zum Weiler Piburg. Von Piburg auf der Forststraße kurz aufwärts, dann rechts ab und fast eben zum Weiler **Haderlehn** mit seiner schönen Kapelle. Hier zweigt man von der Straße ab und steigt zum Ritzlerhof ab. Auf der Straße zur Ortsmitte von **Sautens**. Von Sautens geht es auf einem ebenen Wiesenweg längs der Ache zurück zur Unteren Brandachbrücke und nach Oetz.

2 Oetz – Umhausen

Auf Wiesenwegen hinauf auf die zweite Talstufe

Oetz – Habichen – Tumpen – Platzl – Lehn – Umhausen

Talort: Oetz, 812 m, oder Habichen, 850 m.
Ausgangspunkt: Freizeitzentrum am südlichen Ortsausgang von Oetz.
Parkmöglichkeit: Beim Freizeitzentrum oder bei der Talstation der Sesselbahn Hochoetz.
Gehzeiten: Nach Habichen 30 Min., nach Tumpen 30 Min., nach Umhausen 1½ Std.
Anforderungen: Breite Wege, kaum Steigungen.
Höchste Punkte: Lehn, 900 m, Umhausen, 1031 m.

Einkehrmöglichkeiten: In jedem der Orte zahlreiche Gaststätten.
Sehenswertes: Mehrere Kapellen, so die Kapelle in Farst, die Maria-Schnee-Kirche südl. von Lehn, das Kirchlein bei Ried / Tumpen rechts der Ache. Besondere geologische Attraktionen sind die Bergsturzgebiete bei Köfels. Durch diese Gesteinsbewegung entstand der Stuibenfall über Umhausen. Pfarrkirche in Umhausen aus dem 12. Jh., im 15. Jh. umgebaut. Fresken aus dem 14. Jh.

Die Kirche Maria Schnee bei Umhausen.

Diese Talwanderung (Straßenstrecke ca. 10 km) führt abseits der Talstraße von der ersten Talterrasse von Oetz zur zweiten Stufe der Talweitung von Umhausen. Diese Talweitung mit ihren sanft geneigten Wiesenflächen ist, kleinere Siedlungen ausgenommen, völlig unverbaut. Aus ihr steigen die Bergflanken zu beiden Seiten schroff bis zu einer Höhe von über dreitausend Metern empor. Man kann die rechte (östl.) oder die linke (westl.) Talseite erwandern. Beim Freizeitzentrum am südlichen Ortsausgang von Oetz auf den Wiesenweg, der südwärts über das Gestäude nach **Habichen** leitet. Hier über die Bundesstraße. Bei der Abzweigung des Fahrweges nach Piburg südwärts abbiegen und auf dem Steig über den Habicher See (Zentralalpensteig) aufwärts. In **Tumpen** über die Achbrücke und zum Kirchlein. Auf dem Fahrweg am östlichen Talrand über **Platzl** nach Lehn. Man kann hier auf einem Steig zur Farster Zufahrtsstraße aufsteigen, dieser kurz abwärts folgen, dann über den Wiener Steig auf den Wirtschaftsweg oberhalb von **Umhausen** gelangen; von hier kurz hinab nach Umhausen. Man kann die Wanderung allerdings auch über den Steppsteig zum Stuibödele und zum Stuibenfall fortsetzen, wo man einen eindrucksvollen Ausblick auf den gewaltigen Wasserfall hat. Von dort Rückweg nach Oetz mit dem Bus. Die andere Möglichkeit führt auf der westlichen Talseite von Umhausen hinab zum Neudorf. Dort über die Achbrücke. Vom Fahrweg ins Leierstal gleich rechts abzweigen und am Hang über die Häuser Leiersbach und die Kapelle Hopfgarten zum Beginn des Anstiegs zur Gehsteigalm. Hier aufwärts, dann aber bei der Wegteilung rechts ab und auf gutem Weg talab nach Burgstein/Tumpen. Vom nördlichen Ortsende von Tumpen wieder auf den Steig (Zentralalpenweg 902, 912) zuerst über den Tumpenbach, dann über die sogenannte Grube und hinunter zum Habicher See und nach Habichen. Auf dem Herweg zurück nach Oetz.

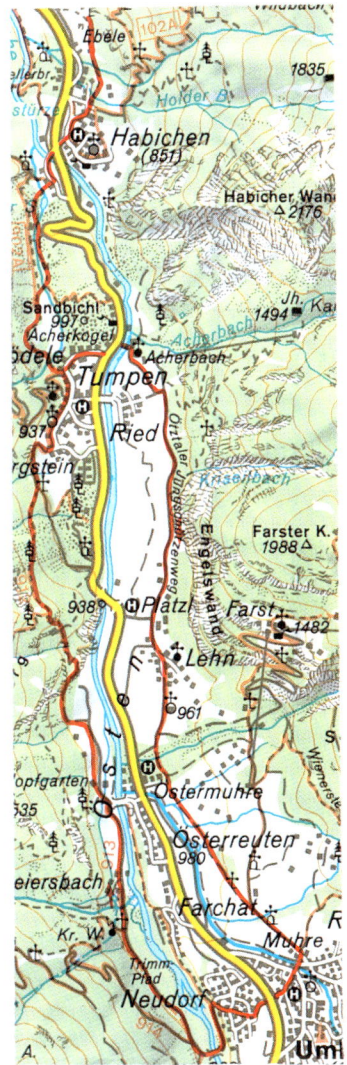

3 Kühtaier Höhenweg

Auf einem Sennersteig zu den Kühtaier Hochalmen

Kühtaier Straße – Issalm – Obere Issalm – Balbach-Sennhütte – Kühtaile-Alm – Ochsengarten / Kühtaier Straße

Talort: Oetz, 812 m.
Ausgangspunkt: Bushaltestelle an der Kühtaier Straße, ca. 600 m westl. unter der Jausenstation Untere Issalm, 1754 m. Der Anstieg beginnt bei der Brücke über den Nederbach: bei der Brücke auffälliger dürrer Baum; Wegweiser; Parkplatz.
Gehzeiten: Zur Oberen Issalm 35 Min., zur Balbach-Alm 1½ Std., Abstieg nach Ochsengarten 50 Min., Weiterweg von der Balbachalm zur Kühtaile-Alm 20 Min., Abstieg von dort nach Ochsengarten 1 Std., Abstieg zur Mittelstation der Hochoetzer Bergbahn 1 Std., zur Bergstation 10 Min.
Anforderungen: Der Höhenweg ist ein

markierter Steig, die Wege im Bereich Hochoetz sind gut markiert und ausgebaut.
Höchster Punkt: Der Weg über die Almen bewegt sich in Höhen von 1900 bis 2000 Meter. Bergstation Hochoetz, 2020 m.
Einkehrmöglichkeiten: Jausenstation Untere Issalm, Balbach-Alm, Kühtaile-Alm, Bergrestaurant Hochoetz.
Sehenswertes: Tiefblick auf die Siedlungen Marail, 1730 m, weiter talaus Marlstein und die Einzelhöfe am Sonnenhang über Ochsengarten. Ausblick auf die Mieminger Kette, daran anschließend im Nordwesten die Lechtaler Alpen.

Diese Almwanderung kann in beiden Richtungen begangen werden. Sie vermittelt unberührte Hochgebirgsnatur mit prächtigen Zirbenwäldern, Hochwiesen und verlassenen Almweiden. Vom Parkplatz an der Straße (Hinweisschild: Bielefelder Hütte, Wörgetal) an einer kleinen Privathütte vorbei und durch Wald hinauf zu den Almwiesen und Mauerresten der ehemaligen Oberen Issalm. Kurz südwärts, dann rechts ab (rot markiert). Man geht den Graben des Wörgetales aus und wandert in leichtem Auf und Ab meist über

Die Kühtaile-Alm im Wanderparadies Hochoetz.

der Waldgrenze zur **Balbach-Sennhütte**, 1955 m. Von hier entweder Abstieg nach Ochsengarten (Bushaltestelle) oder um den Bergrücken der Roßköpfe herum hinüber zur **Kühtaile-Alm**. Von hier bieten sich folgende Weiterwege an: a) Abstieg über den Rauhen Kogel nach **Ochsengarten**. b) Kurzer Aufstieg zur Bergstation Hochoetz und Talfahrt mit der Sesselbahn. c) Abstieg über den Rauhen Kogel nach Stufenreich – Schlatt – Oetz. d) Abstieg zur Mittelstation / Schönblick und Weiterweg auf bequemem Fahrweg nach Oetz. e) Abstieg nach Habichen: Vor Erreichen der Mittelstation (Weg über die Skiabfahrt) zweigt der Weg (149) nach links ab. Man trifft auf den Abstiegsweg von der Acherberg-Alm.

4 Kraspesspitze, 2954 m

Ein Speichersee im Hochgebirge

Kühtai – Finstertaler See – Finstertaler Scharte – Kraspesspitze und zurück

Talort: Kühtai, 2017 m.
Ausgangspunkt: Ortsmitte Kühtai.
Parkmöglichkeit: Großer Parkplatz in Ortsmitte.
Anforderungen: Gutes Schuhwerk, etwas Trittsicherheit und Ausdauer erforderlich.
Gehzeiten: Kühtai – Finstertaler Scharte 2½ Std., weiter zur Kraspesspitze ½ - ¾ Std., Rückweg nach Kühtai 2 Std.
Höchster Punkt: Kraspesspitze, 2954 m.
Einkehrmöglichkeiten: Nur im Ort Kühtai.
Sehenswertes: Speichersee Finstertal inmitten der Hochgebirgslandschaft von Zwölferkogel, Sulzkogel, Kraspesspitze und Pockkogel.

Vom Parkplatz in Ortsmitte verläßt man den Ort südwestwärts und folgt einem bezeichneten Steig, zunächst leicht fallend über Weiden zum Finstertalbach, dann in zunehmend steilerem Gelände an dessen Ostseite hinauf zur Fahrstraße (Werkstraße, für öffentlichen Verkehr gesperrt) und, ihre zwei letzten Kehren abschneidend oder ausgehend, zur Dammkrone des **Finstertalspeichers** (große Schautafel). Weiter folgt man dem grob ausgeschobenen Fahrweg am Ostufer des Stausees nach Süden. Vom Südende des Sees gelangt man auf den ursprünglichen Steig, der im Hintergrund des Finstertals über Schotter, Felsen und im obersten Teil Schnee (ab Spätsommer Vorsicht!) hinauf in die **Finstertaler Scharte,** 2777 m, führt. Über diese Scharte kann auch der beliebte Übergang zur Guben-Schweinfurter-Hütte und ins Horlachtal nach Niederthai bewerkstelligt werden (siehe Tour 18). Von der Finstertaler Scharte ist es nun nicht mehr weit zur **Kraspesspitze.** Der bezeichnete Steig führt durch die teils felsige Südflanke des Westgrats der

Tiefblick von der Kraspesspitze auf den Finstertal-Speicher.

Kraspesspitze, dann über den oberen Teil eines nach Süden abzweigenden Felssporns hinüber bis unter den eigentlichen Gipfelaufbau. Von hier über Blockwerk, zuletzt von Süden zum Gipfel. Als Aufstiegsvariante kann man vom westlichen Ortsrand von Kühtai mit dem Plenderleseelift auf 2311 m hochfahren und von dort auf bezeichnetem Steig nach Westen hinüber zum vorhin beschriebenen Anstiegsweg gelangen. Wegen des Umwegs kaum kürzer, aber bequemer. Der Abstieg erfolgt auf gleichem Weg.

5 Mittertaler Scharte, 2631 m

Einsames Gebirgstal unter den Felsfluchten der Acherkogelgruppe

Kühtai / Speicher Längental – Mittertal – Mittertaler Scharte (Theodor-Streich-Weg) und zurück

Talort: Kühtai, 2017 m.

Ausgangspunkt: Speicher Längental (Hemerwaldspeicher), der untere, kleinere der beiden Stauseen, knapp westlich der Dortmunder Hütte, 1949 m, an der Straße Kühtai - Oetz gelegen.

Parkmöglichkeit: Parkplatz an der Straße bei der Dammkrone.

Gehzeiten: Speichersee – Mittertaler Scharte 2½ - 3 Std., Abstieg zurück durchs Mittertal 2 Std., Weiterweg über Wetterkreuz – Wörgetal nochmals 2½ - 3 Std.

Anforderungen: Ohne besondere Schwierigkeiten, aber gutes Schuhwerk und für die Runde über das Wetterkreuz einige Ausdauer erforderlich.

Höchster Punkt: Mittertaler Scharte, 2631 m.

Einkehrmöglichkeiten: Keine.

Sehenswertes: Zirbenwald an der Waldgrenze am Eingang zum Mittertal. Die eindrucksvolle Hochgebirgslandschaft der Acherkogelgruppe.

Vom Parkplatz geht man über die Dammkrone auf die Südseite des Stausees Hemerwald (Längentalspeicher). Hierher gelangt man auch unmittelbar von der Dortmunder Hütte auf einem Steig, der vom Eingang des Längentals her den See südlich umrundet. Nun geht es am Talhang entlang nach Westen durch lichten Zirbenwald aufwärts und, der Bezeichnung 148 folgend, zum Eingang des **Mittertals**. Hier zweigt der Weg zur Issalm und Balbachalm (s. Tour 7) nach Westen ab. Wir halten uns links (südwärts), erreichen, vorbei an einem verfallenen Bauwerk, bald die Waldgrenze und folgen dem gut sichtbaren, mit Nr. 149 bezeichneten Steig nach Süden in das eindrucksvoll von den schroffen Felsgipfeln der Acherkogelgruppe umgebene Mittertal. Am Seelesboden, bei einem schön gelegenen kleinen Bergsee, 2184 m, wechselt man

Blick auf den Acherkogel vom Mittertal aus.

nach rechts über den Bach und steigt nun steiler an der grasigen Südflanke der Hinteren Karlesspitze gegen Westen in das blockige Hochkar nördlich des Maningkogels empor. Zuletzt ziemlich steil hinauf in die **Mittertaler Scharte**. Wer nicht mehr als einen hochalpinen Spaziergang machen will, kann die Wanderung natürlich an beliebiger Stelle im Tal abbrechen und auf gleichem Weg zurückgehen. Für ausdauernde Geher empfiehlt sich der Weiterweg auf dem Theodor-Streich-Weg, der gleich jenseits der Scharte rechts abzweigt und durch die Südwestflanken von Wörgegratspitze, Großem und Kleinem Windegg auf das Wetterkreuz führt. Die weiteren Wegverbindungen durchs Wörgetal nach Marail sowie nach Hochoetz und zur Bielefelder Hütte sind bei den Touren 6-8 beschrieben.

6 Acherberg-Alm, 1900 m

Geruhsame Wanderung am Fuß des Acherkogels

Hochoetz – Neue Bielefelder Hütte – Ruine Alte Bielefelder Hütte – Acherberg-Alm – Bergstation Hochoetz

Talort: Oetz, 820 m.
Ausgangspunkt: Bergstation Hochoetz der Sesselbahn; die Talstation befindet sich über der südlichen Ortsausfahrt von Oetz; Abzweigung Richtung Freizeitzentrum.
Parkmöglichkeit: Parkplatz bei der Talstation.
Gehzeiten: Bergstation – Bielefelder Hütte 15 Min., zur Alten Bielefelder Hütte (Ruine!) 1 Std., Abstieg Acherberg-Alm 30 Min., zur Bergstation 30 Min., Abstieg Acherberg-Alm – Mittelstation 40 Min., Abstieg ins Tal 1½ Std.
Anforderungen: Gut markierte Steige. Abstieg Neue Bielefelder Hütte – Acherberg-Alm ebenso Talabstieg. Verbindungsweg Bergstation – Acherberg-Alm bequemer, breiter Almweg ohne besondere Steigung. Bei jedem Wetter ohne Schwierigkeiten begehbar.
Höchster Punkt: Ruine Alte Bielefelder Hütte, 2200 m.
Einkehrmöglichkeiten: Bergrestaurant Hochoetz, Neue Bielefelder Hütte, Acherberg-Alm.

Sehenswertes: Blick auf die Nordflanke des Acherkogels mit dem Eisfeld. Besonders schöner alter Zirbenwald rund um die Bergstation Hochoetz.

Diese Wanderung führt mit Hilfe der Sesselbahn Oetz – Hochoetz mühelos in die Bergregion unter den Felsabstürzen des Acherkogels. Von jedem Teil des Weges kann man eine umfassende Aussicht genießen und sich über Oetz und seine Umgebung informieren.

Von der **Bergstation Hochoetz** auf breitem Weg hinauf zur **Neuen Bielefelder Hütte**, die 1000 Höhenmeter über dem Ötztal auf einer aussichtsreichen Kuppe steht. Auf dem Steig, der zum Wetterkreuz führt, aufwärts, dann aber (Hinweisschild: Oltrogge-Weg) rechts ab in den Graben und über den Bach. Der Steig quert die steilen Hänge südlich unter dem Wetterkreuz und den Graben unterhalb der Mittertaler Scharte. Zur Ruine der **Alten Bielefelder Hütte** und in entgegengesetzter Richtung (nordwärts) die Hänge hinab zur Acherberg-Alm.

Von hier gibt es verschiedene Möglichkeiten: a) Von der Acherberg-Alm führt ein Almweg zurück zur Bergstation Hochoetz. b) Abstieg zur Mittelstation über den gut ausgebauten Wasserleitungsweg. c) Abstieg auf Waldsteigen direkt ins Tal nach Oetz oder Habichen.

Die Acherberg-Alm.

7 Wetterkreuz, 2590 m

Aussichtsberg über dem äußeren Ötztal

Bergstation Hochoetz – Neue Bielefelder Hütte – Wetterkreuz

Talort: Oetz, 820 m.
Ausgangspunkt: Bergstation der Bergbahn Hochoetz, 2020 m. Die Talstation der Bergbahnen befindet sich am südlichen Ortsende beim Freizeitzentrum.
Parkmöglichkeiten: Parkplatz an der Talstation.
Gehzeiten: Aufstieg zum Wetterkreuz 2 Std., Abstieg zur Bergstation 1¾ Std., Abstieg ins Tal 2½ - 4 Std.
Anforderungen: Unschwierige, markierte Steige. Man darf sich aber durch die kurze Anstiegszeit mit Hilfe des Lifts nicht darüber hinwegtäuschen, daß man sich in

hochalpinen Gelände bewegt.
Höchster Punkt: Wetterkreuz, 2590 m.
Einkehrmöglichkeit: Neue Bielefelder Hütte, 2112 m.
Sehenswertes: Rundblick auf Lechtaler Alpen im Nordwesten, die Mieminger Kette im Nordosten, gegenüber im Osten die Umrahmung des Wörge- und Mittertals, besonders eindrucksvoll von hier die Abstürze des Acherkogels, 3007 m. Gegenüber im Westen ragen die Zacken um den Wildgrat, 2971 m, auf, nach Süden setzt sich der Geigenkamm mit seinen mächtigen Dreitausendern fort.

Das Wetterkreuz und der im Kamm nach Nordwesten vorgelagerte Roßkopf, 2400 m, bilden zusammen mit dem mächtigen Acherkogel, 3007 m, die Wahrzeichen des äußeren Ötztals. Wegen seiner umfassenden Rundsicht wird der relativ leicht erreichbare Gipfel gern besucht. Unser Ausgangspunkt, die Bergstation Hochoetz, lockt mit seiner luftigen, sonnigen Lage und den weiten, zirbenbestandenen Grasböden. Von der **Bergstation Hochoetz** (siehe Tour 6) steigt man über die **Bielefelder Hütte** den Hang empor bis zur Wegteilung. Hier in einer Kehre nach links aufwärts. Nach links zweigt dann der Anstieg auf den Roßkopf, 2400 m, einem leicht erreichbaren Aussichtsgipfel (Gipfelkreuz), ab. Auf dem Weg weiter aufwärts gegen die Kammhöhe. Von hier kurz aufwärts zum **Wetterkreuz** (Gipfelkreuz). Abstieg auf gleichem Weg oder vom Gipfel gerade südwärts hinab zur Ruine **Alte Bielefelder Hütte**. Über die Acherberg-Alm zurück zur Bergstation oder Abstieg ins Tal (siehe Tour 6). Es bietet sich auch die Abstiegsmöglichkeit ins Wörgetal: Vom Grat südlich des Gipfels führt ein Steig steil hinab ins oberste Kar des Wörgetals, wo ein kleiner See liegt, und weiter nordwärts talaus zur **Oberen Issalm** (Ruinen). Von dort hinab zur Kühtaier Straße (siehe Tour 3).

Am Wetterkreuz, Blick nach Süden zum Acherkogel.

8 Stufenreich – Schlatt

Wanderwege zum Oetzer Sonnenberg

Bergstation Hochoetz – Rotes Wandl – Rauher Kogel – Stufenreich – Schlatt – Oetz / oder Rotes Wandl – Schönblick

Talort: Oetz, 820 m.
Ausgangspunkt: Bergstation Hochoetz oder – falls man die Wanderung bergan beginnen will – Ort Oetz / Kühtaier Straße. Alle Siedlungen am Oetzer Berg sind in das gut markierte Wegenetz von Oetz eingebunden. Auch im Wanderführer nicht angeführte Streckenteile sind leicht zu finden.
Parkmöglichkeiten: An der Talstation der Bergbahn oder im Ort Oetz.
Gehzeiten: Abstieg nach Stufenreich / Schlatt 1½ - 2 Std., Schlatt – Oetz 1½ Std., im Aufstieg Oetz – Stufenreich 2 Std.
Anforderungen: Im Abstieg sind keine

Anstiegsmeter zu überwinden. Meist gute, markierte Wege. Die Abkürzungen sind steil.
Einkehrmöglichkeiten: Bergrestaurant Hochoetz, Kühtaile-Alm, Ghs. Schönblick bei der Mittelstation, mehrere Gaststätten an der Kühtaier Straße.
Sehenswertes: Vom Aussichtspunkt Rotes Wandl unter der Bergstation besonders schöner Blick ins Oberinntal, zur Mieminger Kette im Nordosten, den Lechtaler Bergen im Nordwesten. Im Westen und Südwesten ragen die Ötztaler Berge auf, gegenüber im Westen der Geigenkamm.

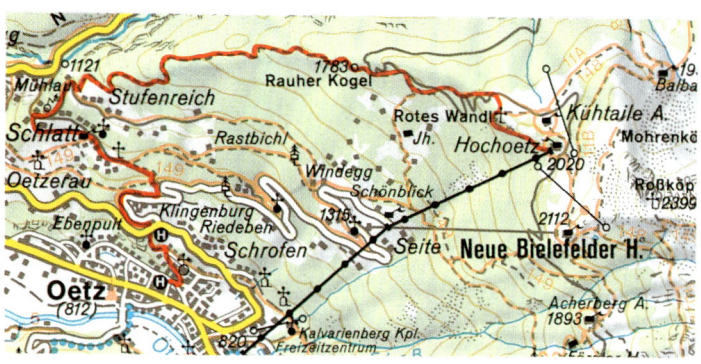

Das weite Gebiet des Oetzer Berges kann man von **Hochoetz** bergab oder vom Ort Oetz bergan erwandern. Ein gut ausgebautes Wegenetz ermöglicht genußvolles Wandern von Hof zu Hof. Die ausgesprochene Hanglage dieses Gebietes macht das Gehen anregend und abwechslungsreich. Von der Bergstation Hochoetz hinüber zum Aussichtspunkt (Kreuz). Von hier kann man entweder direkt über das **Rote Wandl** (ein Felsabbruch aus rotem Gestein) absteigen oder den kleinen Umweg über die Kühtaile-Alm machen. Sie liegt wenige Minuten nördlich unter der Station. Unterhalb des Roten Wandls zweigt nach links über die begrünte Skipiste der Abstiegsweg zur Mittelstation ab.

Blick von Hochoetz gegen Mieminger und Lechtaler Berge.

Rechtshaltend über den Waldrücken des **Rauhen Kogels**, 1783 m, hinab nach Stufenreich. Auf dem Fahrweg kurz hinunter zum Weiler **Schlatt**, auf Wiesensteig, teilweise die Zufahrtsstraße zum Oetzer Berg benutzend, über die Häuser Klingenburg hinunter nach Oetz. Man kann diese Wanderung natürlich auch im Tal beginnen: Von der Ortsmitte von Oetz wandert man auf dem Kirchweg an der Kirche vorbei aufwärts zur Kühtaier Straße. Man überquert sie und trifft in der Nähe der Häuser von Klingenburg auf den Weg nach **Stufenreich – Schlatt**. Wer nur zur Mittelstation emporsteigen will, bleibt auf dem bequemen Fahrweg, der in mehreren Kehren zum **Ghs. Schönblick** emporleitet.

9 Armelenhütte, 1747 m

Höhenweg hoch über dem Umhausener Talgrund

Tumpen / Burgstein – Armelenhütte – Gehsteigalm – Tumpen

Talorte: Piburg, 970 m, von Oetz auf Straße (3 km) oder zu Fuß in 45 Min. erreichbar; Busverbindung mit Oetz. Habichen, 851 m, Ortsteil 3 km südlich von Oetz, auf Straße oder zu Fuß in 35 Min. von Oetz erreichbar; Busverbindung. Tumpen, 937 m, am Beginn des weiten Talbeckens von Umhausen.
Ausgangspunkt: Tumpen / Burgstein, 937 m. Busstation.
Parkmöglichkeit: In Tumpen.
Gehzeiten: Piburg – Armelenhütte 2½ - 3 Std., Habichen – Armelenhütte 2½ - 3 Std., Tumpen – Armelenhütte 2 - 2½ Std., Armelenhütte – Gehsteigalm 2 Std., Abstecher zur Vorderen Tumpenalm 35 Min., Abstieg Armelenhütte – Tumpen 2 Std., Abstieg Gehsteigalm – Tumpen 2¼ Std.
Anforderungen: Breite Almstraße zur Armelenhütte und zur Gehsteigalm. Die Abkürzungssteige zur Armelenhütte sind steil. Abstieg Gehsteigalm gut bezeichneter Wanderweg. Vorsicht bei Abkürzungen, nur gut bezeichneten Steigen folgen. Die Hänge sind felsdurchsetzt und ungangbar!
Höchste Punkte: Armelenhütte, 1747 m, Vordere Tumpenalm, 1831 m, Gehsteigalm, 1894 m.
Einkehrmöglichkeiten: Alle drei Hütten bzw. Almen sind im Sommer bewirtschaftet.
Sehenswertes: Von der Armelenhütte sehr schöne Aussicht ins vordere Ötztal, gegenüber ragt die steile Felswand der westl. Ausläufer des Acherkogels auf (Habicher Wand).

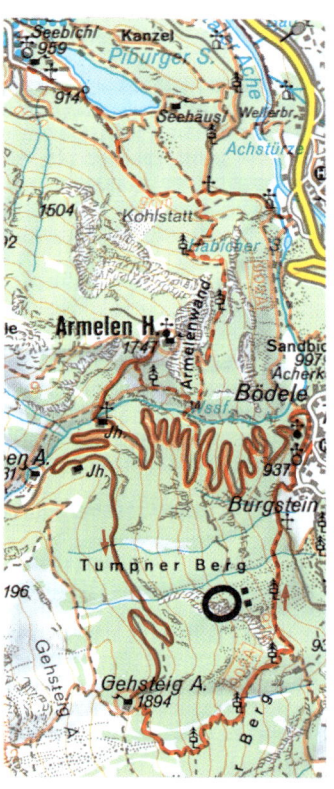

Die Armelenhütte liegt 800 Meter fast senkrecht über dem Talboden von Umhausen. Man kann sie von Piburg, Habichen oder Tumpen aus erreichen. **Von Piburg über den Piburger See**: vom südlichen Seeufer (Hinweistafel) vor Erreichen des Ghs. Seehäusl auf Steig durch Wald in das Gebiet der Achstürze und weiter zur Kohlstatt (hierher gelangt man auch über das Seejöchl). **Zur Kohlstatt von Habichen**: auf dem Weg, der jenseits der

Rast bei der Gehsteigalm.

Talstraße auf der Wellerbrücke die Ache überschreitet und uns auf dem Wirtschaftsweg zum Steig zur Kohlstatt führt. An der Kohlstatt beginnt der steile Steig, der durch den Hang emporführt bis unter die Felsflanke der Armelenwand. Man quert unter ihr südwärts hinauf und trifft vor Erreichen der Tumpener Schlucht auf den von Tumpen / Burgstein heraufkommenden Steig. Durch den Wald weiter aufwärts zur Almstraße. Auf ihr nun in wenigen Minuten zur Armelenhütte. **Von Tumpen / Burgstein**: In der Nähe der Tumpener Kirche beginnt der Almweg, der als bequemster Anstieg in vielen Kehren durch den steilen Hang zur Hütte emporführt. Man kann auch den Abkürzungssteig benützen, der einige der vielen Kehren der Almstraße abkürzt und in ca. 1500 m Höhe nach rechts in den Tumpener Graben leitet. Auf einer Brücke über den Bach und jenseits empor. Hier trifft man auf den von Piburg / Habichen kommenden Weg. Auf diesem nun durch Wald empor zur Almstraße und zur Hütte. Besondere Vorsicht ist bei nicht markierten Abkürzungssteigen geboten! **Von der Armelenhütte zur Gehsteigalm**: Von der Hütte auf dem breiten Almweg in den Graben des Tumpenbaches. Jenseits empor und zur Wegteilung (Hinweistafel): Hier kann man einen Abstecher ins Tumpental und zur Almwirtschaft Vordere Tumpenalm machen. Zurück auf dem Almweg und auf ihm zur Gehsteigalm. Abstieg von der Gehsteigalm siehe Wanderung 10.

10 Erlanger Hütte, 2550 m

Anspruchsvolle Hüttenrunde hoch über dem Leierstal

Umhausen – Erlanger Hütte – Gehsteigalm – Tumpen / Umhausen

Talort: Umhausen, 1031 m.
Ausgangspunkt: Neudorf, am westlichen Ortsrand. Den Aufstieg bis zur Vorderen Leierstalalm kann man mit einem Bus-Taxi abkürzen.
Parkmöglichkeiten: Am Ortsrand von Umhausen, in Neudorf am Beginn der Almstraße bei der Brücke.
Gehzeiten: Umhausen – Erlanger Hütte 4 - 4½ Std. (bei Benützung des Bus-Taxis von Umhausen verkürzt sich die Anstiegszeit um ca. 2 Std.), Erlanger Hütte – Geh-

steigalm 2½ Std., Abstieg Gehsteigalm – Umhausen 2½ Std., Gehsteigalm – Tumpen 2 Std.
Anforderungen: Anstrengende, aber schöne Rundwanderung auf bezeichneten Wegen.
Höchster Punkt: Erlanger Hütte, 2550 m.
Einkehrmöglichkeiten: Erlanger Hütte, Gehsteigalm.
Sehenswertes: Der große Wettersee oberhalb der Erlanger Hütte. Ausblick nach Osten zu den Stubaier Bergen, Talblick ins Ötztal.

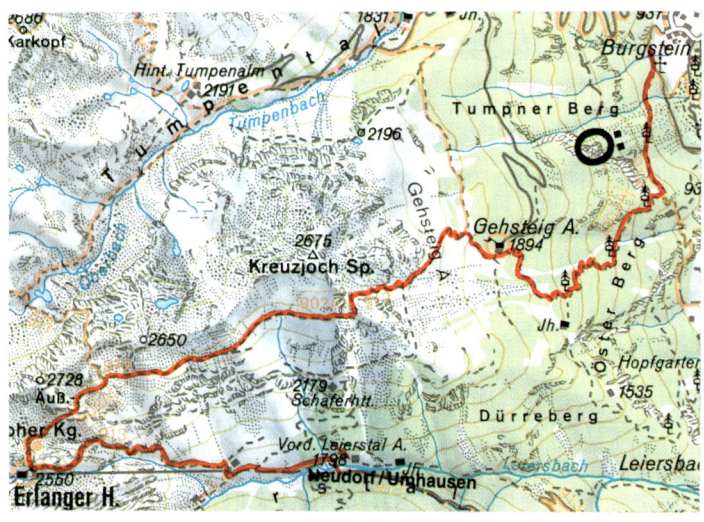

Bei dieser Höhenrunde steigt man zum großen Wettersee über der Erlanger Hütte empor. Eindrucksvoll ist der Gegensatz zwischen der wiesenbedeckten Talsohle und der wilden Bergszenerie rund um die Erlanger Hütte. Von der Ortsmitte von **Umhausen** auf der Straße hinab zum Neudorf und über die Achbrücke auf die andere Talseite. Hier beginnt der breite Almweg (Schranken), der in Kehren emporführt. In 1377 m Höhe befindet sich die Einmündung

Auf dem Höhenweg von der Erlanger Hütte zur Gehsteigalm, Blick gegen den Wildgrat.

des Fundustales. Zur Erlanger Hütte westwärts in Kehren aufwärts zur **Vorderen Leierstalalm**, ca. 1800 m. Hier endet die Almstraße. Über den freien Hang auf dem Hüttenweg hinauf zur bereits von weit unten sichtbaren Hütte, die kühn auf einer Felskanzel steht. Von der Hütte am kleinen See vorbei hinauf zum Wettersee, der in einem wilden Felskessel liegt. Für den Weiterweg zur Gehsteigalm kehren wir zur Hütte zurück. Gleich unterhalb der Hütte zweigt nach Nordosten der Steig zur **Gehsteigalm** ab. Über Felsblöcke – versichert – hinunter. Man begeht nun einen Teil des Forchheimer Höhenweges. Dieser zweigt bald nach links empor ab. Er führt von hier über das Joch hinab in das weite Kar und talaus zur **Vorderen Tumpenalm** (siehe Tour 9). Wir begehen den Höhenweg aber den Hang entlang, immer auf gleicher Höhe bleibend, bis zum aussichtsreichen Felsrücken unter der Kreuzjochspitze. Von hier führt der Steig in Kehren steil hinunter zur Gehsteigalm. Der Abstiegsweg nach Tumpen führt von der Almhütte gerade durch den Wald hinab. Bei der Wegteilung hält man sich links auf den breiteren und gut gangbaren Weg, der durch Wald abwärts leitet und uns nach Burgstein bringt. Zur Kirche von **Tumpen** und zur Hauptstraße (Bushaltestelle). Der Abstieg nach Umhausen zweigt bei der Wegteilung im Wald nach rechts ab und führt durch den Wald hinunter zur Straße, die über Hopfgarten und Leiersbach nach Neudorf und Umhausen zurückführt. Übernachtet man auf der Erlanger Hütte, kann am nächsten Tag die Tour 11 oder 12 angeschlossen werden.

11 Erlanger Hütte – Frischmannhütte

Über zwei alpine Übergänge von Hütte zu Hütte

Erlanger Hütte – Wettersee – Seenplatte am Lehnerjoch – Feilerscharte – Frischmannhütte

Talort: Umhausen, 1031 m.

Ausgangspunkt: Erlanger Hütte, 2541 m. Hierher siehe Wanderung 10.

Parkmöglichkeit: Am nördlichen Ortsrand von Umhausen.

Gehzeiten: Umhausen – Erlanger Hütte 4½ Std. (mit Bus-Taxibenützung 2 Std.), zum Wettersee 10 Min., weiter zum ersten Joch 30 Min., zur Feilerscharte 3 Std., Aufstieg zum Gipfel des Fundusfeiler von der Scharte 30 Min., Abstieg zur Frischmannhütte von der Scharte 2 - 2½ Std. (im Anstieg von der Frischmannhütte 2½ Std.), gesamte Strecke ohne Gipfelanstieg 5 - 6 Std., Abstieg ins Pitztal 4½ Std, Abstieg ins Leierstal und über die Leierstalalmen nach Umhausen 5½ Std.

Anforderungen: Bis unter die Feilerscharte

keine besonderen Schwierigkeiten. Der Abstieg von der Feilerscharte zur Frischmannhütte ist sehr steil, teilweise versichert. Das Firnfeld im Osten unter der Scharte sollte im oberen Teil überquert werden. Vorsicht Abrutschgefahr! Nur für Geübte. Ausgesetzte Blockkletterei zum Gipfel des Fundusfeiler.

Höchste Punkte: Feilerscharte, 2926 m, Fundusfeiler, 3079 m.

Einkehrmöglichkeit: Unterwegs keine. Nur am Ausgangs- und Endpunkt in den Hütten; dort auch Übernachtungsmöglichkeit.

Sehenswertes: Der große Wettersee über der Erlanger Hütte. Das einsame Kar des oberen Leierstales. Vom Gipfel Blick auf die ausgedehnten Gletscher und Eisriesen des Ötztaler Hauptkammes sowie auf die Berge des Kaunergrates und der Stubaier Alpen.

Es empfiehlt sich, diese Unternehmung auf zwei Tage auszudehnen und in der Frischmannhütte zu übernachten.

Von der **Erlanger Hütte** auf gutem Steig zum Wettersee und (Schneefelder) über den steilen Hang hinauf zum Grat, der den Übergang ins Leierstal vermittelt. Steil hinab und in leichtem Auf und Ab die weite Karmulde mit den kleinen Seen ausgehend, gelangt man an den Beginn des Schutthanges unter der **Feilerscharte** ("Schwarzes Loch"). Nun in Kehren den steilen Schotterhang hinauf in die Scharte.

Die Erlanger Hütte mit Blick gegen Osten.

Von hier kann man über den Blockgrat (leichte Kletterei) zum Gipfel des
Fundusfeilers ansteigen. Von der Scharte zuerst über Schutt und Blockwerk,
dann den Firnhang hinab. Hier beginnt der ziemlich steile Abstieg am Hang
über der Bachschlucht.

Der Steig führt in Schrofengelände weiter und steigt über die Felsbänder ins
Funduskar ab. In Kehren zu den weiten Böden, auf denen die Frischmannhütte liegt. Bevor man das Schwarze Loch am Fuß der **Feilerscharte** erreicht,
kann man auf einem Steig westwärts aufsteigend das Lehnerjoch, 2510 m,
erreichen, das den Übergang zur **Lehnerjochhütte**, 1935 m, und in das Pitztal
ermöglicht. Aus dem innersten Karboden des oberen Leierstales zweigt ein
Steig vom Höhenweg nach links ab, der über die Hintere zur **Vorderen
Leierstalam** hinausführt zur Straße nach Umhausen.

12 Wildgrat, 2971 m

Aussichtsreicher Mittelpunkt des Felsmassivs Wildgrat

Erlanger Hütte – Wettersee – Wildgrat

Talort: Umhausen, 1031 m.
Ausgangspunkt: Erlanger Hütte, 2550 m, hoch über dem innersten Leierstal, am Fuß des Wildgratstockes gelegen. Bewirtschaftet von Juli bis Ende September. Das große Haus bietet etwa 35 Schlafplätze. Hüttenwirt: Gotthart Schmid, A-6441 Umhausen / Neudorf, Tel. 05255 / 5721, während der Bewirtschaftungszeit Funk zur Hütte.
Parkmöglichkeit: Am Beginn des Hüttenweges jenseits der Achbrücke in Neudorf / Umhausen oder in Umhausen.
Gehzeiten: Von Umhausen zur Erlanger Hütte 4 Std., von der Leierstalalm (bis dahin Fahrmöglichkeit mit Taxibus von Umhausen) 2 Std., weiter zum Wildgrat 2 Std.,

Abstieg 1¾ Std.
Anforderungen: Zum Gipfel des Wildgrat führt ein markierter Steig. Man muß im unteren Teil des Weges zwei Firnfelder queren, die im Spätsommer teilweise eisig sein können. Der Gipfelaufbau muß über Felsplatten erstiegen werden. Leichte, etwas ausgesetzte Kletterei, nur für Geübte!
Höchster Punkt: Wildgrat, 2971 m.
Einkehrmöglichkeit: Erlanger Hütte, 2550 m.
Sehenswertes: Der Wettersee mit seiner großen blaugrünen Wasserfläche, in großartigem Felsenzirkus gelegen. Vom Ostgrat des Berges sieht man in das einsame weite Leierskar. Schöner Blick zum im Süden aufragenden Fundusfeiler, im Westen auf die Berge des Kaunergrates.

Der Ausgangspunkt Erlanger Hütte ist eine wichtige Station bei der Begehung des Forchheimer Höhenweges. Auf ihm kann man den ganzen Geigenkamm samt einigen der schönsten Gipfel überschreiten. Der Wildgrat als Beinah-Dreitausender wird als Aussichtsgipfel mit einem interessanten Anstieg gern besucht. Gipfelkreuz und Gipfelbuch.

Zur Erlanger Hütte gelangt man auf bezeichnetem Weg von der **Leierstalalm** (2 Stunden bis dorthin mit dem Bustaxi von Umhausen, siehe Tour 10). Von der **Erlanger Hütte** auf dem Weg westwärts an kleinem See vorbei zum **Wettersee**. Der Steig führt an seiner Südseite über den Schotterhang, teilweise über Schneefelder, aufwärts. Oberhalb des Sees steigt man durch blockige Hänge auf schwachem Steig (Markierungsflecken auf Steinen!) gegen den Ostrücken des Berges an, dabei muß muß man zwei steilere Firnfelder überqueren.

Dann über den Blockrücken aufwärts an den eigentlichen Gipfelaufbau. Nun über einige Felsplatten und Schrofen zum Gipfelgrat und nordwärts hinüber zum eigentlichen **Gipfel**.

Abstieg auf gleichem Weg.

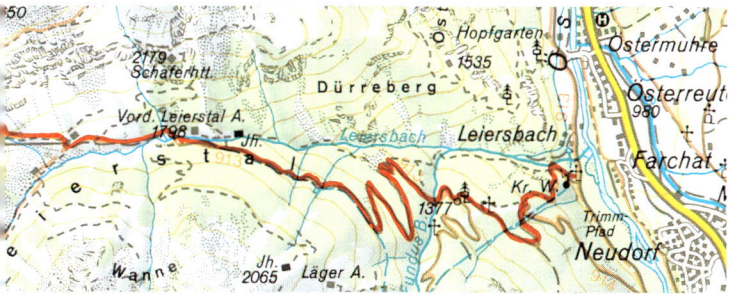

Am Gipfel des Wildgrats mit Blick gegen Süden.

13 Frischmannhütte, 2192 m

Wanderung durch ein entlegenes Almtal

Umhausen – Vordere Fundusalm – Hintere Fundusalm – Frischmannhütte – Schartle – Köfels – Umhausen

Talort: Umhausen, 1031 m.
Ausgangspunkt: Neudorf (westlicher Ortsrand); der erste, ziemlich langwierige Teil der Wanderung (900 Höhenmeter) bis zur Hinteren Fundusalm kann mit Taxidienst abgekürzt werden (Tel. 05255 / 52 21).
Parkmöglichkeiten: Im Ort Umhausen.
Gehzeiten: Umhausen – Hintere Fundusalm 2½ Std., Hintere Fundusalm – Frischmannhütte ½ Std., Frischmannhütte – Köfels 2 Std., Köfels – Umhausen 1 Std.

Anforderungen: Die gesamte Rundtour erfordert Ausdauer. Lohnend ist natürlich auch die "Kurzvariante" unter Benützung des Taxis.
Höchster Punkt: Frischmannhütte, 2192 m; Schartle, 2084 m.
Einkehrmöglichkeiten: Hintere Fundusalm, Frischmannhütte, Gasthöfe in Köfels.
Sehenswertes: Die Almen des Fundustals, die eindrucksvollen Berggestalten von Fundusfeiler und Blockkogel.

Bei der Hinteren Fundusalm, im Hintergrund der Blockkogel.

Man verläßt **Umhausen** in westlicher Richtung durch das Neudorf und folgt der Fahrstraße (Wegweiser) über die Ötztaler Ache. Jenseits immer auf dem breiten, schon von Umhausen sichtbaren Almweg durch den sehr steilen Waldhang in Kehren hinauf zu einer Wegteilung (rechts zur Erlanger Hütte, siehe Touren 10-12) beim Eintritt in das Fundustal. Es geht weiterhin durch steiles Waldgelände empor, schließlich flacher in das Fundustal hinein und dem Bach entlang zur **Vorderen Fundusalm**, 1611 m. Von ihr über eine zirbenbestandene Talstufe zur Hinteren Fundusalm, 1964 m, einer freundli-

chen Jausenstation über der Waldgrenze. Von hier rechts ab, am kleinen **Fundussee** vorbei, über den Bach und westwärts am freien, blockübersäten Hang hinauf und auf die Geländeschwelle am Rand des weiten Karbodens, wo die **Frischmannhütte** steht. Von der Hütte folgt man dem bereits gut erkennbaren Weg, der das hintere Fundustal in weitem Bogen ausgeht, bis man, bereits nördlich und oberhalb der **Hinteren Fundusalm**, das Schartle, 2084 m, eine Einsattelung in dem niedrigen Kamm zwischen Fundustal und Ötztal, erreicht. Von hier erfolgt der Abstieg in steilen Kehren durch eine Waldschneise hinunter zu dem kleinen Ort **Köfels**, 1401 m, einem abgeschiedenen Bauerndörfchen (siehe Tour 20). Von Köfels folgt man dem Fahrsträßchen in zwei großen Kehren durch Wald hinunter ins Ötztal. Man überschreitet die Ache und die Straße und gelangt auf einem Fußweg, der östlich parallel zur Straße verläuft, in 20 Minuten zum südlichen Ortsrand von **Umhausen**.

14 Reichalm, 1962 m

Tiroler Bergbauernland in extremster Lage

Umhausen – Farst – Reichalm – Farst – Wienersteig – Umhausen

Talort: Umhausen, 1031 m. Der Zugang zur Wanderung ist auch von den Weilern Platzl und Lehn möglich, die auf halbem Weg zwischen Umhausen und Tumpen unter den Felsabstürzen des Farster Kogels liegen.

Ausgangspunkt: Nördlicher Ortsrand von Umhausen (Ortsteil Muhre).

Parkmöglichkeiten: Im Ort Umhausen.

Gehzeiten: Umhausen – Farst 1½ Std., zur Reichalm 1 - 1½ Std., Rückweg nach Umhausen 2 Std.

Anforderungen: Einfache Wanderung, wegen der extremen Steilheit und Südlage des Anstiegs nach Farst für heiße Sommertage nicht zu empfehlen.

Höchster Punkt: Reichalm, 1962 m.

Einkehrmöglichkeiten: Gaststätte in Farst.

Sehenswertes: Die Bergbauernsiedlung Farst.

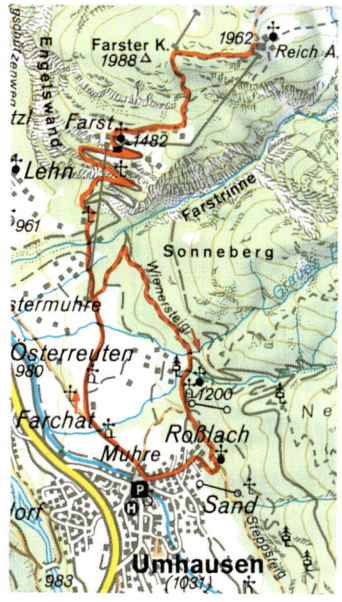

Von der Kirche in Umhausen wendet man sich nordwärts über den Horlachbach zum Ortsteil **Muhre** und verläßt bald die Ortschaft. Weiter auf schmalem Asphaltsträßchen, das von Umhausen durch das weite, sanft geneigte Wiesenland nach Norden gegen den eindrucksvollen Felsabbruch führt, über dem die Höfe von **Farst** stehen. Man überschreitet den Rennebach, der aus der wilden Farstrinne, einer Felsschlucht, herauskommt. Hierher gelangt man auch von den Ortschaften Östermuhre (an der Ötztalstraße), Lehn oder Platzl. Weiter durch den Steilabbruch folgt man teils der kühn angelegten Straße, teils dem markierten Fußweg, der die untersten Kehren abschneidet. Von Farst durch das steile, waldige Gelände, dem bezeichneten Fußsteig folgend, hinauf gegen die Waldkuppe des Farster Kogels, 1988 m, und ostwärts kurz hinüber zur **Reichalm**. Ausdauernde Geher können von hier in einer weiteren Stunde den aussichtsreichen Gipfel der Hohen Warte, 2372 m, erreichen. Dem Aufstiegsweg folgend zurück nach Farst und der Straße bzw. dem Fußsteig folgend bis über die Brücke und zum Waldrand. Hier kann man, statt direkt nach Umhausen zurückzugehen, auch auf dem sogenannten "Wienersteig" noch ein Stück nach Osten im Wald ansteigen und dann stets in der Nähe des Waldrands in abwechslungsreicher Wanderung über den Ortsteil **Roßlach** wieder nach Umhausen gelangen.

Das Ötztal zwischen Platzl und Umhausen.

15 Stuibenfall

Zum höchsten Wasserfall Tirols

Umhausen – Wiesle – Niederthai – Stuibenfall – Umhausen

Talort: Umhausen, 1031 m.
Ausgangspunkt: In der Ortsmitte.
Parkmöglichkeiten: Im Ort Umhausen.
Gehzeiten: Umhausen – Wiesle 1½ Std.,
Wiesle – Niederthai ¾ Std., Niederthai –
Stuibenfall – Umhausen 1 Std.
Anforderungen: Abwechslungsreiche,
unschwierige Wanderung; im Bereich des
Wasserfalls nicht vom Weg abweichen, da

sonst Absturzgefahr! Der Weg führt hier
teilweise über Stiegen.
Höchster Punkt: Mauslasattel, ca.
1650 m.
Einkehrmöglichkeiten: Wiesle, mehrere
Gaststätten in Niederthai, Gasthof Stuibenfall, Jausenstation Stuibödele.
Sehenswertes: Der mächtige Stuibenfall
(vom Dialektwort für "stäuben").

Von der Kirche in **Umhausen** verläßt man den Ort nach Süden auf der Straße
nach Niederthai, der man über die Wiesen bis zum Waldrand folgt. Hier beginnt
der gut bezeichnete Fußweg, der durch die waldigen Abhänge des Tauferer-
bergs südwärts die Höhe über der Talschlucht der Ötztaler Ache gewinnt,
wobei man die weiten Kehren der Straße nach Niederthai mehrmals kreuzt.
Bei der letzten Straßenkehre Wegteilung: Man kann links über die waldige
Kuppe des Wolfseggs, 1680 m, direkt nach Niederthai gelangen oder aber
rechts und bei der nächsten Abzweigung links (Wegweiser) zum **Wiesle**, einer
idyllisch auf einer Waldlichtung gelegenen Gaststätte (Sommerwirtschaft),
1528 m. Von hier kommt man über den waldigen Mauslasattel, ca. 1650 m,

nach **Niederthai**, dem einzigen Ort im Horlachtal, dessen Weiler in der Talweite verstreut liegen. Von Niederthai über die Weiler Lehen, Überfeld, Ennebach zur Brücke. Von hier entweder der Straße folgend talaus bis zum Gasthof **Stuibenfall** oder auf der anderen Talseite über die Weiler Sennhof und Höfle dorthin. Vom Ghs. Stuibenfall den Wegweisern folgend, zunächst rechts des Baches abwärts, diesen auf Steg überqueren und links zum Oberrand des Wasserfalls. Nun teils auf Stiegen durch das abschüssige Gelände in Kehren abwärts und zur Jausenstation **Stuibödele**. Von hier in einer halben Stunde zurück nach **Umhausen**.

Der mächtige Stuibenfall.

16 Narrenkogel, 2309 m

Über die einsame Alm "Bergle" zur Aussichtskuppe über Niederthai

Niederthai – Bergle – Narrenkogel – Bichl – Höfle – Niederthai

Talort: Umhausen - Niederthai, 1538 m. Niederthai ist durch eine Straße mit Umhausen verbunden. Busverbindung. Wanderweg von Umhausen nach Niederthai, 1½ Std.
Ausgangspunkt: Parkplatz in Niederthai.
Parkmöglichkeit: In Umhausen, in Niederthai (beim Feuerwehrhaus).
Gehzeiten: Umhausen – Niederthai 1½ Std., Niederthai – Narrenkogel 1½ bis 2 Std, Abstieg über Bichl nach Niederthai 2½ Std., Abstieg vom Gipfel über Bichl – Höfle nach Umhausen 3 - 3½ Std.
Anforderungen: Der Anstieg von Niederthai über das Bergle ist ein gut markierter

Steig, der im unteren Teil sehr steil und treppenartig über die Waldstufe emporführt. Ab Bergle mäßige Steigung, Abstieg nach Bichl markierter Waldweg.
Höchster Punkt: Narrenkogel, 2309 m.
Einkehrmöglichkeiten: Nur in Niederthai und Bichl / Höfle.
Sehenswertes: Niederthai liegt malerisch am Beginn des wiesenreichen Horlachtales. Gipfelaussicht auf die im Westen aufragenden Berge des Geigenkamms (von Süden nach Norden): Luibiskogel, Blockkogel, Fundusfeiler, Wildgrat. Im Süden der mächtige Strahlkogel.

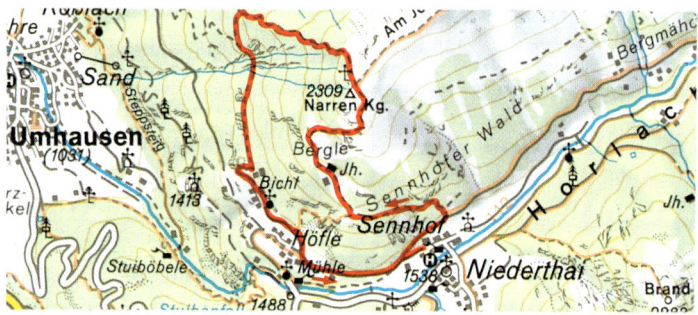

Noch vor wenigen Jahrzehnten schwer zu erreichen, ist Niederthai heute ein vielbesuchter Ausgangsort für Wanderungen und Bergtouren in die Stubaier Berge. Da die Straße vom Ort an talein für den öffentlichen Verkehr gesperrt ist, steht dem Wandervergnügen nichts im Wege.

Vom Parkplatz beim Feuerwehrhaus in **Niederthai** an den nördlichen Berghang; hier Wegweiser. Der Steig führt sehr steil und treppenartig durch den Wald empor zur ehemaligen Alm **Bergle** mit kleiner Hütte. Nun über die freien Hänge zum **Gipfel** mit Gipfelkreuz. Vom Gipfel nordwärts hinunter und in den Wald. Steil hinab, dann im Bogen nach links in den Bachgraben. Über die Bäche und zu den Häusern von **Bichl**. Über Höfle hinab und auf dem Fahrweg zurück nach **Niederthai**. Vom Bergle führt auch ein Weg direkt steil hinab nach Höfle. Von Bichl kann man auch direkt nach Umhausen absteigen.

Am Gipfel des Narrenkogels mit Blick gegen den Geigenkamm.

17 Grasstallsee, 2533 m, und Salchenscharte, 2776 m

Grüner See im einsamen Hochtal

Niederthai – Grasstalltal – Grasstallsee – Salchenscharte und zurück

Talort: Niederthai, 1537 m.
Ausgangspunkt: Bei der Kirche in Niederthai.
Parkmöglichkeiten: Am nördlichen Ortsrand.
Gehzeiten: 2½ Std. zum See, 3 Std. zur Scharte, 2½ Std. zurück.
Anforderungen: Bis zum See gut bezeichnete und beschilderte Wanderwege und Steige, zur Scharte weglos im Geröll.
Höchster Punkt: Salchenscharte, 2778 m.
Einkehrmöglichkeiten: Nur in Niederthai.
Sehenswertes: Der eindrucksvoll in felsiger Ödnis gelegene Grasstallsee.

Von der Brücke in **Niederthai** kurz auf der Straße ins Horlachtal einwärts (Fahrverbot). Dort, wo rechts der bewaldete Hang steiler ansteigt, zweigt man ab (Wegweiser) und gelangt nun, stets den Markierungen und Wegweisern folgend, auf guten Wegen durch Bergwald ostwärts hinein in das einsame **Grasstalltal**, das im Sommer als Hochalm genutzt wird. Nun stets am begrünten Talboden einwärts, später in blockigem Gelände, an der Tallehne ansteigend, hinauf zum **Grasstallsee**, 2533 m. Der Weiterweg zur Scharte erfolgt weglos über geröllbedeckte Platten. Abstieg am gleichen Weg oder vom Grasstallsee zum **Inneren Hemerkogel** und über die Hemerachalm nach Niederthai: Für geübte Geher gibt es die Möglichkeit, auf bezeichneten Steigen, die allerdings Trittsicherheit erfordern, vom See westwärts ansteigend den Hemerkogel, 2759 m, zu

Niederthai mit dem Geigenkamm im Hintergrund.

ersteigen, einen schönen Aussichtsberg südlich über Niederthai (siehe Tour 19). Von dort Abstieg auf bezeichnetem Steig bzw. Steigspuren nach Westen über die steilen Hänge zur Oberen und Unteren Hemerachalm und über den Mauslasattel (siehe Tour 15) zurück nach **Niederthai**; 2½ Stunden vom Grasstallsee.

18 Guben-Schweinfurter Hütte, 2028 m

Beschauliche Talwanderung

Niederthai – Larstighof – Guben-Schweinfurter-Hütte und zurück

Talort: Niederthai, 1537 m.
Ausgangspunkt: Bei der Brücke in Niederthai.
Parkmöglichkeiten: Parkplatz links der Brücke.
Gehzeiten: Niederthai – Larstighof 1 Std., zur Hütte 1 Std., Rückweg 1½ Std.
Anforderungen: Bequeme Spazierwege.

Höchster Punkt: Guben-Schweinfurter Hütte, 2028 m.
Einkehrmöglichkeiten: Larstighof (Sommerwirtschaft), Jausenstation Horlachalm, Guben-Schweinfurter Hütte (Mitte Juni bis Ende September).
Sehenswertes: Die Bergmähder und Almen des Horlach- und Zwiselbachtals.

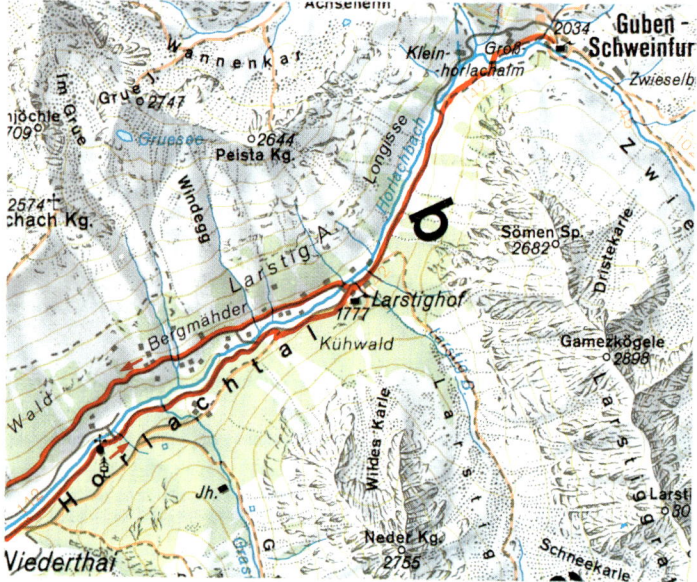

Von der Brücke in **Niederthai** folgt man dem breiten Fahrweg, der stets nahe am Bach talein zu den Larstighöfen, 1777 m, führt. Hierher gelangt man auch auf einem bezeichneten Waldweg, der am Waldrand rechts abzweigt (siehe Tour 17) und im Wald etwas höher über das Grasstallfeld zum **Larstighof** führt. Vom Larstighof weiter auf dem breiten Talweg einwärts; vor der Brücke zweigt der markierte Fußweg rechts ab. Über etwas steileres Weideland gelangt man rasch zu der schon sichtbaren Hütte. Man kann auch (kaum länger) weiter auf dem breiten Weg, vorbei an der **Kleinen** und der **Großen Horlachalm** (Jausenstation), zur Hütte wandern. Lohnend ist der Weiterweg von der Hütte in das Zwiselbachtal (Gubener Weg), ein einsames Almhochtal unter den schroffen Fels- und Eisflanken der Larstiger Berge. Der Rückweg nach Niederthai verläuft auf dem Bergmahderweg: Von der **Hütte** auf gleichem Weg zurück zum Larstighof. Hier nach rechts über den Bach. An der nördlichen Talseite ansteigend, dann in meist gleichbleibender Höhe über dem Talboden auswärts durch das alte, immer noch intensiv genutzte Bergbauernland. Eine wild ausgewaschene Bachrunse durchquert man etwas ausgesetzt, aber durch Drahtseile gesichert. Auf der Höhe von Niederthai steigt man durch die Wiesen zum Ort ab.

Bergbauernland im Horlachtal.

19 Hemerachalm, 2088 m, und Wiesle, 1528 m

Zur Wieseninsel im Wald über Niederthai

Niederthai – Mauslasattel – Hemerachalmen – Wiesle – Längenfeld

Talort: Umhausen, ca. 1000 m, oder Längenfeld, 1100 m.
Ausgangsort: Niederthai oder Längenfeld.
Parkmöglichkeiten: In beiden Orten.
Gehzeiten: Niederthai – Mauslasattel – Wiesle 45 Min., Aufstieg zur Oberen Hemerachalm vom Mauslasattel 1½ Std., Abstieg nach Wiesle 1½ Std., Wiesle – Au 1 Std., Wiesle – Längenfeld 1½ Std.
Anforderungen: Der Weg Niederthai –

Wiesle – Längenfeld ist gut markiert, der Aufstieg Mauslasattel – Hemerachalm ein steiler, markierter Waldsteig.
Höchste Punkte: Obere Hemerachalm, 2088 m, Wiesle, 1528 m.
Einkehrmöglichkeit: Gasthaus Wiesle.
Sehenswertes: Die Almwirtschaft Wiesle mit Kapelle auf kleiner Wieseninsel mitten im Hochwald. Von der Oberen Hemerachalm sehr schöner Rundblick.

Kirche und Gasthaus Wiesle.

Die steilen Wiesen mit den heute teils verfallenen Hütten der nicht mehr bewirtschafteten Almen Ober- und Unterhemerach vermitteln einen guten Eindruck von den früheren Arbeitsbedingungen der Ötztaler Bauern. Wir genießen einen einmaligen Rundblick auf den Geigenkamm im Westen mit dem formschönen Luibiskogel, 3110 m. Vom Parkplatz in **Niederthai** südwärts aus dem Ort und auf der Straße durch die Wiesen zum Ortsrand. Von hier aufwärts zum **Mauslasattel**, einem Rastplatz mit Bänken. Von hier auf breitem Weg weiter, an einer Lacke (See) vorbei und hinab zum **Gasthaus Wiesle**.

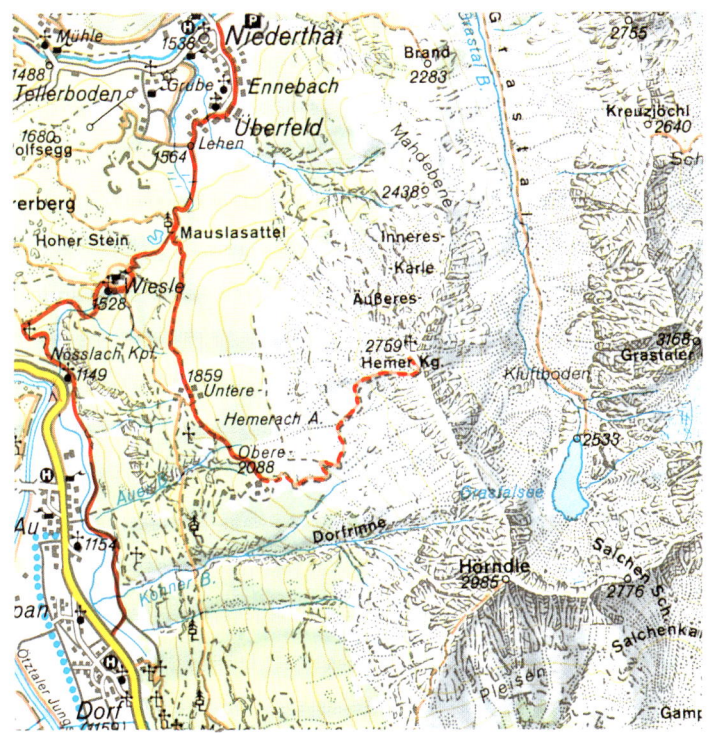

Will man zu den Hemerachalmen aufsteigen, muß man gleich vom Mauslasattel nach links (Wegweiser) abzweigen und auf einem Waldsteig steil
aufwärts zur **Unteren Hemerachalm** mit mehreren Almhütten ansteigen. Über
steile Bergwiesen geht es in freiem Gelände zur oberen Alm weiter. Beim
Rückweg darf man die Abzweigung nach Norden (rechts) zur Unteren Alm
nicht verfehlen, die Steige sind zwar markiert, aber im hohen Gras nicht immer
leicht zu finden. Geübten sei die Besteigung des Hemerkogels, 2759 m, (2
Stunden, weglos) empfohlen. Vom **Wiesle** führt ein guter Weg in Kehren
hinab. Bei der ersten Wegteilung hält man sich rechts (der linke Weg führt
ebenfalls nach Längenfeld, aber steiler), dann zweigt man nach links (südwärts) ab. Rechts geht es nach Umhausen. Man gelangt unterhalb der steil
aufragenden Nößlachwand in die Nähe der Talstraße. Hier steht die Nößlach-
kapelle. Man kann auf der östlichen Talseite bis zum Ortsteil Dorf wandern.

20 Gasthaus Waldesruhe, 1573 m, und Köfels, 1401 m

Auf die sonnigen Almböden über Längenfeld

Längenfeld – Winklen – Gasthaus Waldesruhe – Köfels – Winklen

Talort: Längenfeld, ca. 1170 m.
Ausgangspunkt: Ortsteil Winklen, 1149 m, im nordwestlichen "Winkel" des Längenfelder Beckens. Hierher von der Ortsmitte zu Fuß über Oberried, Lehn und Unterried. Kommt man von Unterried, kann man gleich den Fahrweg am Waldrand entlanggehen und westlich über Winklen zum Beginn des Almweges gelangen. Hierher auch von der Bushaltestelle Winklen westwärts über die Brücke und zum Waldrand. Hier beginnt der breite Almweg zur Waldesruhe.
Parkmöglichkeiten: In Winklen und in Längenfeld.

Gehzeiten: Von Längenfeld nach Winklen 1 Std., zur Waldesruhe 45 Min., nach Köfels 40 Min., nach Winklen 40 Min.
Anforderungen: Einfache Wege. Der Steig Köfels – Winklen quert die Forststraßen und ist teilweise schlecht beschildert.
Höchster Punkt: Gatshaus Waldesruhe, 1575 m. Köfels, 1401 m.
Einkehrmöglichkeiten: Ghs. Waldesruhe, Ghs. Edelweiß und Ghs. Köfels.
Sehenswertes: Die Wiesen der Wurzbergalm, wo das Ghs. Waldesruhe steht; Kapelle am Waldrand. Schöner Rundblick vom Bergweiler Köfels.

Das Wiesenplateau Wurzbergalm mit dem Ghs. Waldesruhe wird von Längenfeld aus gern besucht. Auch die Waldwanderungen nordwärts nach Köfels oder südwärts auf breiten Wegen hinauf zur Stabelealm, 1908 m, und weiter zur Innerbergalm, ca. 2000 m, bieten sich von Winklen-Längenfeld aus an. Am Waldrand westlich über **Winklen** (Wegweiser) beginnt der bequeme Forstweg, der in Kehren emporführt. An einer Wegteilung hält man sich nach

Das Gasthaus Waldesruhe.

rechts und erreicht nordwärts fast ohne Steigung die Wiesenfläche mit dem **Gasthaus Waldesruhe**. Auf gutem Weg nordwärts durch Wald abwärts nach Köfels (Hinweistafeln beachten, es zweigen mehrere Forststraßen ab, die bergwärts oder zur Köfelser Straße bergab führen!). Unterhalb des Parkplatzes in **Köfels** auf breitem Weg zum Waldrand und zu einer Kapelle im Wald. Hierher auch von der Köfelser Straße kurz unterhalb von Köfels; Wegweiser. Nun auf schwachem Steig durch Wald hinüber zur Forststraße. Man geht hier links abwärts, bis man auf die vom Tal heraufführende Forststraße trifft. Rechtshaltend auf dieser Straße aufwärts, bis nach rechts (Schild) der schmale Steig abzweigt, der über die Anhöhe Hoher Bichl, dann steiler durch den Kitzwald hinabführt zum **Winklboden** mit dem kleinen See. In wenigen Minuten zurück zum Ausgangspunkt.

21 Unterkunft am Hauersee, 2383 m

In die Urgesteinslandschaft des Geigenkamms

Oberlängenfeld – Hauersee-Biwak – Woeckelwarte – Innerbergalm – Lehner Stabelealm – Lehn – Längenfeld

Talort: Längenfeld, 1180 m.
Ausgangspunkt: Ortsmitte (Pfarrkirche).
Parkmöglichkeiten: Im Ort.
Gehzeiten: Längenfeld – Hauersee-Biwak 3½ - 4 Std., Rückweg 2½ - 3 Std.
Anforderungen: Ausdauer erforderlich.
Höchster Punkt: Unterkunft am Hauersee, 2383 m.
Einkehrmöglichkeiten: Das Hauersee-

Biwak, eine kleine Unterkunftshütte, die an der Stelle einer früheren, von Lawinen zerstörten Alpenvereinshütte errichtet wurde; im Sommer bewartet, es gibt Tee, aber keine Verpflegung. Innerbergalm und Lehner Stabele-Alm sind bewirtschaftet.
Sehenswertes: Der Hauersee, ein hochgelegener Moränensee vor der Fels- und Eiskulisse von Reiserkogel und Luibiskogel.

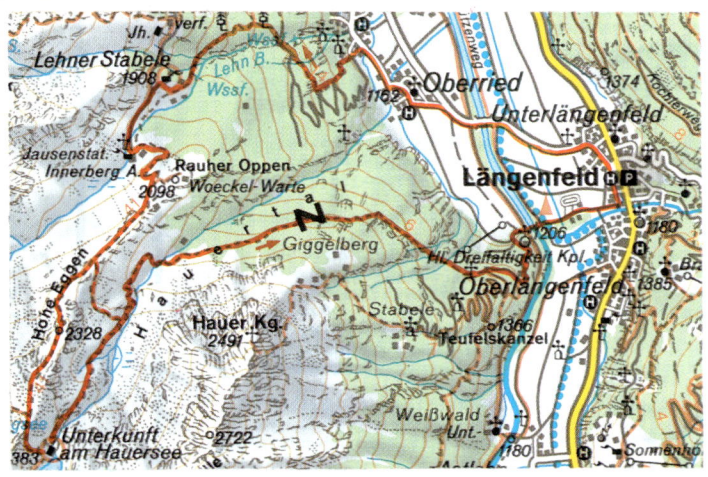

Von der Kirche in **Längenfeld** kurz nordwärts über den Bach und auf der Straße zum Campingplatz und zur Ötztaler Ache. Auf der Fußgängerbrücke über diese und im Wald zunächst mäßig ansteigend zur Pestkapelle (Dreifaltigkeitskapelle, 1661 erbaut, zum Teil spätgotisch, vom ehemaligen Pestfriedhof umgeben). Nun den Wegweisern folgend, auf dem bezeichneten Steig Nr. 6 durch den steilen Waldabhang des Ötztals nordwestwärts empor und westwärts hinein in das kleine Hauertal und zur Waldgrenze. Hier stets in der Nähe des Baches über freies, blockbesätes Gelände hinauf auf die Geländestufe, wo am Ufer des kleinen **Hauersees** die AV-Unterkunft steht. Von der

Das Längenfelder Becken mit dem Gamskogel.

Hütte nach Norden und rechtshaltend auf den flachen Felskamm, der vom Luibiskogel nordostwärts herabzieht. Bei der Wegteilung (Wegweiser) rechts ab (nach links erreicht man in 10 Minuten die schön gelegenen Spitzigseen). Man folgt dem flachen, abgeschliffenen Kamm Hohe Eggen gegen Nordosten hinaus bis vor den Rauhen Oppen, 2098 m, einer Kuppe knapp über der Waldgrenze, von wo das Gelände wiederum steil ins Ötztal abfällt; hier befindet sich eine Aussichtswarte ("**Woeckelwarte**"). Vor dem Rauhen Oppen links ab und durch lichten Zirbenwald kurz hinunter zur **Innerbergalm**, ca. 1950 m, mit freundlicher Gastwirtschaft. Dem Fahrweg folgend (oder rechts davon auf dem alten Fußweg in Bachnähe), kurz talaus zur **Lehner Stabele-Alm**, 1980 m (ebenfalls mit Gastwirtschaft). Von der Alm durch den äußerst steilen Wald auf Fußweg hinunter zur Wegteilung. Wenn man zurück nach Längenfeld will, wird man die rechte Abzweigung nach Lehn und Oberried wählen. Bald über den wilden Lehnbach und nun entweder bequem die weiten Kehren des Forstweges ausgehen oder aber weiter auf dem alten, steilen Fußweg abwärts, bis man am Südrand des Weilers **Lehn** wieder den Talboden des Ötztals erreicht. Auf der Fahrstraße durch den Weiler **Oberried** in Richtung Längenfeld zur Ache und ihr entlang südwärts zurück zum Campingplatz und zur Ortsmitte von **Längenfeld**.

22 Winnebachseehütte, 2361 m, und Gänsekragen, 2914 m

Der nördliche Aussichtsposten über dem Sulztal

Gries im Sulztal – Winnebach – Winnebachseehütte – Gänsekragen

Talort: Gries im Sulztal, 1569 m.
Ausgangspunkt: Gries oder der Weiler Winnebach, auf sonnigen Steilwiesen nordwestlich über Gries gelegen, auf schmalem Sträßchen erreichbar.
Parkmöglichkeiten: Besucher der Winnebachseehütte werden gebeten, in der Kehre unterhalb von Winnebach zu parken (begrenzter Platz) oder am östlichen Ortsende von Gries auf dem flachen Talboden.
Gehzeiten: Winnebach – Winnebachseehütte 1½ - 2 Std., Winnebachseehütte – Gänsekragen 1½ - 2 Std., Abstieg 2 Std.

Anforderungen: Zur Hütte bequemer Wanderweg, zuletzt Steig. Die Besteigung des Gänsekragens erfordert Trittsicherheit und gutes Schuhwerk sowie, besonders an heißen Tagen, Ausdauer.
Höchster Punkt: Gänsekragen, 2914 m.
Einkehrmöglichkeiten: Winnebachseehütte, 2361 m.
Sehenswertes: Die Bachfalle, ein eindrucksvoller Wasserfall gegenüber der Winnebachseehütte. Vom Gipfel schöner Rundblick auf Ötztaler und Stubaier Gletscherberge sowie jäher Tiefblick ins Sulztal.

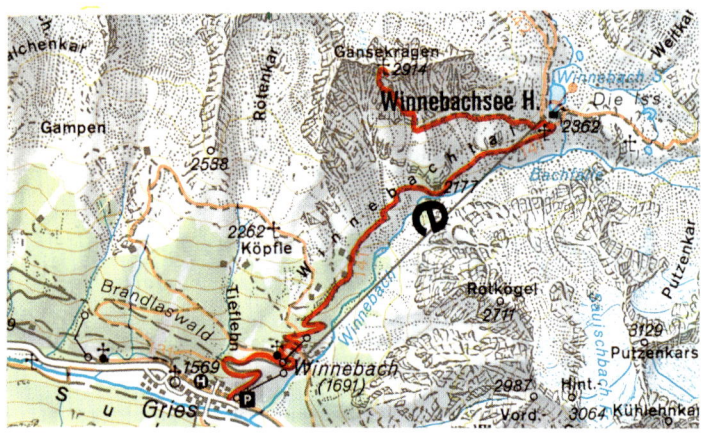

Der Gänsekragen ist ein sehr beliebter, häufig besuchter Aussichtspunkt. Dieser schroffe Felsgipfel, der fast 3000 Meter erreicht, sollte nicht unterschätzt werden. Der Steig ist zwar gut markiert und durchwegs gut instandgehalten, führt aber durch sehr steiles, felsiges Gelände und über kleine Felsstufen, die wirklich Trittsicherheit verlangen. Gleich hinter dem **Weiler Winnebach** – früher ärmliche Bergbauernhöfe, jetzt behäbige Hotelbauten im

Am Gipfel des Gänsekragens.

Neotiroler Stil – führt der gut beschilderte Wanderweg zur Hütte in mehreren Kehren durch den steilen Zirben- und Lärchenwald in das kleine Winnebachtal empor. Bald erreicht man die Waldgrenze. Der Weg führt nun flacher an der nördlichen Talflanke einwärts und überwindet eine Steilstufe bei 2177 m. Weiter geht es durch felsigeres Gelände in das hinterste Winnebachtal und über eine letzte Steilstufe nach links empor zu der erst jetzt sichtbaren Hütte, hinter der sich ein flacher See und Moränengelände erstrecken. Der Steig zum Gänsekragen beginnt gleich an der **Winnebachseehütte** (Wegweiser), führt kurz über wellige Wiesen südwärts, dann westwärts unter den schroffen Abhängen hinaus und von Süden durch die Steilflanke des **Gänsekragens** in vielen Kehren empor. Den Gipfel (mit Kreuz und Gipfelbuch) erreicht man zuletzt durch felsiges Gelände von Südwesten. Auf gleichem Weg zurück.

23 Amberger Hütte, 2136 m

Almen, Fels und Eis

Gries im Sulztal – Vordere Sulztalalm – Amberger Hütte und zurück

Talort: Gries im Sulztal, 1569 m.
Ausgangspunkt: Am östlichen Ortsende von Gries.
Parkmöglichkeiten: Parkplatz bei der Fahrverbotstafel an der Straße.
Gehzeiten: Gries – Amberger Hütte 2 Std., Rückweg 1½ Std.

Anforderungen: Bequemer, breiter Weg.
Höchster Punkt: Amberger Hütte, 2136 m.
Einkehrmöglichkeiten: Vordere Sulztalalm und Amberger Hütte.
Sehenswertes: Knapp unterhalb der Hütte liegt der kleine "Schwefelsee", 1860 m, der warmes (18° C) Wasser aufweist.

Vom östlichen Ortsende von **Gries** folgt man stets dem breiten Fahrweg, der zunächst eben durch die innersten Wiesen von Gries talein zieht, dann den Bach überquert und die waldige Steilstufe zur **Vorderen Sulztalalm**, 1898 m, in einigen Kehren überwindet.
Die Alm mit ihrer freundlichen Gastwirtschaft liegt in einer kleinen, beschauli-

Blick in die Eiswelt des Hochstubai vom hinteren Sulztal aus.

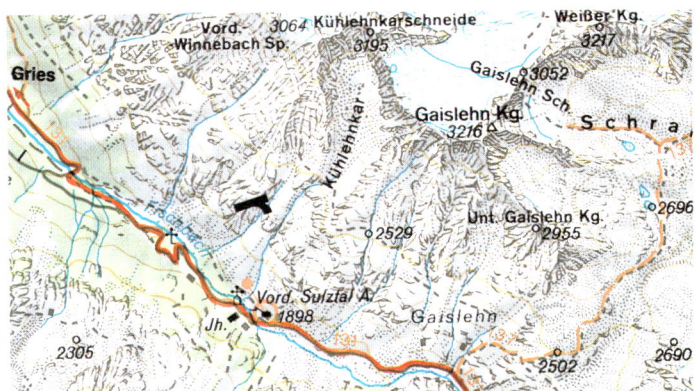

chen Talweite an der Waldgrenze. Der Weg zieht am linken (im Sinne des Aufstiegs) Talhang weiter hinauf zu einer weiteren kleinen Verflachung, wo die **Hintere Sulztalalm**, 2085 m, steht.

Von dort geht es über ein felsiges Eck weiter hinauf, wo nördlich über den weiten innersten Böden des Sulztals ("In der Sulze") die **Amberger Hütte,** das Ziel unserer Wanderung, steht.

Für konditionsstarke Wanderer empfiehlt sich der Weiterweg von der Hütte talein. Zunächst auf dem bezeichneten Steig in Richtung Wütenkarsattel, bei der Abzweigung im Steilgelände rechts halten, schließlich hinauf zu dem Felskopf P. 2428 m der Alpenvereinskarte (etwa 1 Stunde von der Hütte), von wo man einen eindrucksvollen Blick auf die nördlichen Eisflanken des Hochstubai hat.

Der Abstieg zur Amberger Hütte und zurück ins Tal erfolgt auf gleichem Weg.

24 Gamskogel, 2813 m

Der südliche Ausguckposten über dem Sulztal

Gries im Sulztal – Nisslalm – Gamskogel und zurück

Talort: Gries im Sulztal, 1569 m.
Ausgangspunkt: In der Ortsmitte von Gries (Wegweiser).
Parkmöglichkeiten: Im Ort.
Gehzeiten: Aufstieg zur Nisslalm 1½ Std., zum Gamskogel 2 Std., gesamter Abstieg 2½ Std.
Anforderungen: Zur Nisslalm anregende

Wanderung, der Anstieg zum Gamskogel erfordert Ausdauer und gute Ausrüstung.
Höchster Punkt: Gamskogel, 2813 m.
Einkehrmöglichkeiten: Nisslalm, 2051 m.
Sehenswertes: Vom Gamskogel genießt man eine besonders schöne Rundsicht über Stubaier und Ötztaler Alpen bis hin zur Ötztaler Wildspitze.

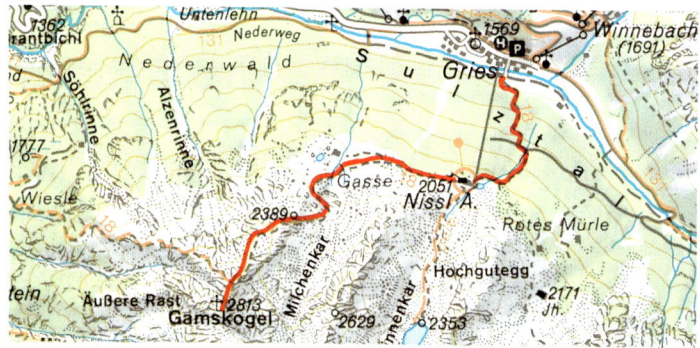

Von der Ortsmitte von **Gries** bei Wegweiser nach Süden abzweigen, über den Bach und etwas nach links. Dort beginnt ein bezeichneter Steig, auf dem man ziemlich steil in vielen kleinen Kehren durch den Wald hinauf zur **Nisslalm** gelangt, einer originellen kleinen Almwirtschaft, 2051 m, die während der Sommermonate und bis in den Oktober bewirtschaftet ist und auch einige Schlafplätze bereithält. Ein bequemerer, aber langweiligerer Zugang ist der neue Forst- und Almweg, der vom Weg zur **Amberger Hütte** (siehe Tour 23) hinter Gries abzweigt. Von der Alm hält man sich zunächst knapp über der Waldgrenze nach Westen und gelangt über Wiesen zur sogenannten Gasse, einer Alm. Der Steig nähert sich nun, in einer Kehre ausholend, dem felsigen, steil aufragenden Nordostgrat des **Gamskogels**. Über ihn geht es in vielen Kehren hinauf zum Gipfel, den ein großes Kreuz ziert, das – ebenso wie die Steiganlage – von der Alpenvereinssektion Amberg 1887 errichtet wurde. Wem der Anstieg zum Gamskogel (von der Nisslalm noch etwas mehr als 2 Stunden) zu beschwerlich erscheint, der kann in einer knappen Stunde auf bezeichnetem Steig den in einem einsamen Hochkar gelegenen **Schönrin-nenkarsee**, 2353 m, erreichen. Der Abstieg erfolgt auf gleichem Weg. Es ist möglich, auf einem dürftigen und sehr steilen, markierten Steig, der kurz unterhalb des Gipfels abzweigt, nach Westen zum Wiesle und nach Burgstein abzusteigen (siehe Tour 19 und 25).

Die Nisslalm auf dem Weg zum Gamskogel.

25 Burgstein, 1424 m, und Brand, 1385 m

Trutzige Weiler über dem Längenfelder Becken

Längenfeld – Gottsgut – Huben – Burgstein – Brand – Längenfeld

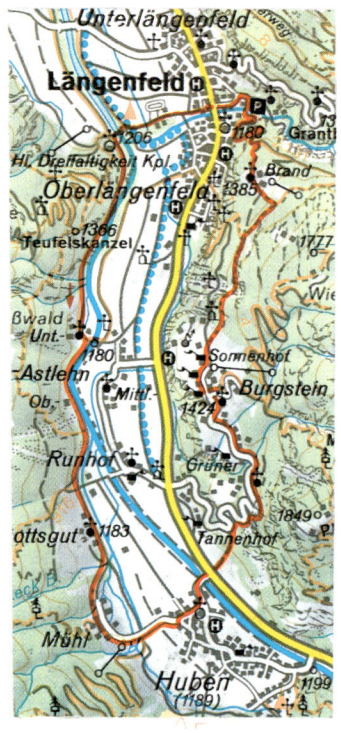

Talort: Längenfeld, 1180 m.
Ausgangspunkt: In der Ortsmitte (bei der Kirche).
Parkmöglichkeiten: Im Ort.
Gehzeiten: Längenfeld – Huben 1 Std., Huben – Burgstein ¾ Std., Burgstein – Brand ½ Std., Brand – Längenfeld ½ Std.
Anforderungen: Schöne Wanderwege, zwischen den Weilern Burgstein und Brand etwas exponiert: Stiegen über abschüssige Stellen.
Höchster Punkt: Burgstein, 1424 m.
Einkehrmöglichkeiten: Zahlreiche Gaststätten in allen Ortschaften, die der Weg berührt.
Sehenswertes: Der Ausblick vom Burgstein auf das Längenfelder Becken. Auf der Wiese nördlich von Burgstein (mehrere Felsblöcke bei einem Bildstöckl) findet sich ein sogenannter Schalenstein, vermutlich eine Kultstätte der ersten Siedler, wie sie aus weiten Teilen des Alpenraums bekannt ist.

Von der Ortsmitte **Längenfeld** geht man kurz nordwärts, über den Bach und auf der Straße zum Campingplatz zur Ötztaler Ache; diese auf der Fußgängerbrücke überqueren. Gleich links und, an den Weilern von Unter- und Oberastlehn vorbei, nahe der Ache südwärts zum Weiler Gottsgut, 1183 m, und über die ebenen Wiesen zum Dorf **Huben**, 1189 m, das vor der nächsten Talstufe am Südrand des Längenfelder Beckens liegt. Von der Kirche in Huben links weiter und über die Brücke und die Ötztaler Bundesstraße. Hier beginnt ein markierter Fußweg, der, von Süden durch Steilgelände kommend, auf die Fahrstraße nach **Burgstein** trifft. Dieser kurz folgend, bis auf die Wiesen von Burgstein, die gegen Westen in eindrucksvoller Felsstufe zum Längenfelder Becken abbrechen. Der Straße entlang, vorbei an den verstreut liegenden Häusern von Burgstein, einigen Gasthäusern, der Kapelle

Tiefblick vom Gipfel des Gamskogels nach Huben.

und dem kleinen, alten Schulhaus, bis zum höchsten Punkt der Wiesenfläche, von wo das nördliche Längenfelder Becken sichtbar wird. Auf der Wiese nördlich hinter Burgstein endet bald die Fahrstraße (man kann auf einem Fahrweg von hier direkt nach Längenfeld absteigen). Der Weg nach Brand beginnt bei einer Rastbank am nördlichen Rand der Wiesen (Wegweiser) und führt, zum Teil kühn angelegt, über Stiegen durch steiles Waldgelände zur Wiese mit den Gehöften von **Brand**, 1385 m. Von dort auf dem Fuß-, zuletzt auf dem Fahrweg steil hinunter nach **Längenfeld**.

26 Äußerer Hahlkogel, 2655 m

Schroffer Felsberg über Huben

Huben – Hahlkogelhaus – Äußerer Hahlkogel und zurück

Talort: Huben, 1189 m, Fremdenverkehrs-
und Bauerndorf am Südrand der weiten
Talebene von Längenfeld, von der Ötztaler
Straße über zwei Brücken zu erreichen.
Ausgangspunkt: Am südöstlichen Ortsrand von Huben (Wegweiser "Hahlkogelhaus / Sattelalm / Pollestal").
Parkmöglichkeiten: Am Ortsrand (Ende
der Fahrstraße).
Gehzeiten: Huben – Hahlkogelhaus 2 -
2½ Std., weiter zum Äußeren Hahlkogel
1½ - 2 Std. Für den Abstieg insgesamt
2½ - 3 Std.
Anforderungen: Bereits der Anstieg zum
Hahlkogelhaus erfordert etwas Trittsicher-
heit und Ausdauer. Die Besteigung des
Hahlkogels, obwohl sehr häufig ausge-
führt, sollte nicht unterschätzt werden. Etwas Bergerfahrung ist vonnöten.
Höchster Punkt: Äußerer Hahlkogel,
2655 m.
Einkehrmöglichkeiten: Hahlkogelhaus
(Ebneralm), 2042 m.
Sehenswertes: Die weiten Almböden und
kleinen Seen der Ebenalm nach dem ex-

trem steilen Talhang über Huben. Vom
Gipfel schöner Rundblick auf den mittleren
Geigenkamm und den Sulztalkamm.

Vom Parkplatz dem Wegweiser und den Markierungen folgend, auf einem
Steig zunächst am Waldrand, dann durch Wald und über Lichtungen parallel
zur Stromleitung in dem breiten Graben, der zum "Sattel" hinaufführt, nach
Süden aufwärts (Weg in Pollestal, siehe Tour 27).
Vor dem Erreichen des Sattels zweigt man nach etwa ½ Gehstunde beim
Wegweiser nach rechts ab und steigt nun durch den immer steiler werdenden,
von Felsen durchsetzten Waldhang südwestwärts empor, bis man in lichter
bewaldetes und flacheres Gelände und schließlich auf die weiten, freien
Böden der **Ebneralm** gelangt. Hier kurz westwärts hinaus zum Rappenegg,
wo das **Hahlkogelhaus** steht.
Ein leichterer, aber weniger interessanter Anstieg folgt dem Forstweg, der am
westlichen Ortsrand von Huben beginnt und in weiten Kehren den steilen
Stockachwald überwindet. Auf den Weideböden der Ebneralm verläuft der
Steig nicht immer ganz deutlich, ist aber mit Hilfe von Markierungen und
Wegweisern stets einfach zu finden. Man folgt zunächst südwärts dem Weg

ins **Pollestal** (siehe Tour 27), zweigt aber bald rechts ab und steigt auf dem nun deutlich ausgeprägten Steig durch die grasig-felsige Südflanke bis in eine kleine Scharte im Südgrat des Äußeren Hahlkogels an. Nun teils neben, teils auf dem Grat (einige felsige, abschüssige Stellen, Vorsicht!) zum kreuzge-schmückten **Gipfel** empor.

Der Abstieg erfolgt auf gleichem Weg. Für Ausdauernde ist der Umweg über das Pollestal und den "Sattel" zurück nach Huben durchaus lohnend (siehe Tour 27).

Auf dem Weg von Burgstein nach Brand mit Blick auf den Hahlkogel.

27 **Pollestal**

Beschauliche Almböden unter schroffen Felszinnen

Huben – Sattel (alm) – Vordere Pollesalm – Hintere Pollesalm und zurück

Talort: Huben, 1189 m.
Ausgangspunkt: Am südöstlichen Ortsrand von Huben (Wegweiser "Hahlkogelhaus / Sattelalm / Pollestal").
Parkmöglichkeiten: Am Ortsrand (Ende der Fahrstraße).
Gehzeiten: Huben – Sattelalm ¾ - 1 Std., Sattelalm – Hintere Pollesalm 1½ - 2 Std., Rückweg 2 Std.
Anforderungen: Bequeme Spazierwege.
Höchster Punkt: Hintere Pollesalm, 2102 m.
Einkehrmöglichkeiten: Sattelalm, Vordere Pollesalm.
Sehenswertes: Die Fels- und Eisabstürze des südlichen Geigenkamms über beschaulichen, flachen Almböden mit Haflingern, Rindern und Schafen.

Vom Endpunkt der Straße (siehe Tour 26) durch das mäßig ansteigen-

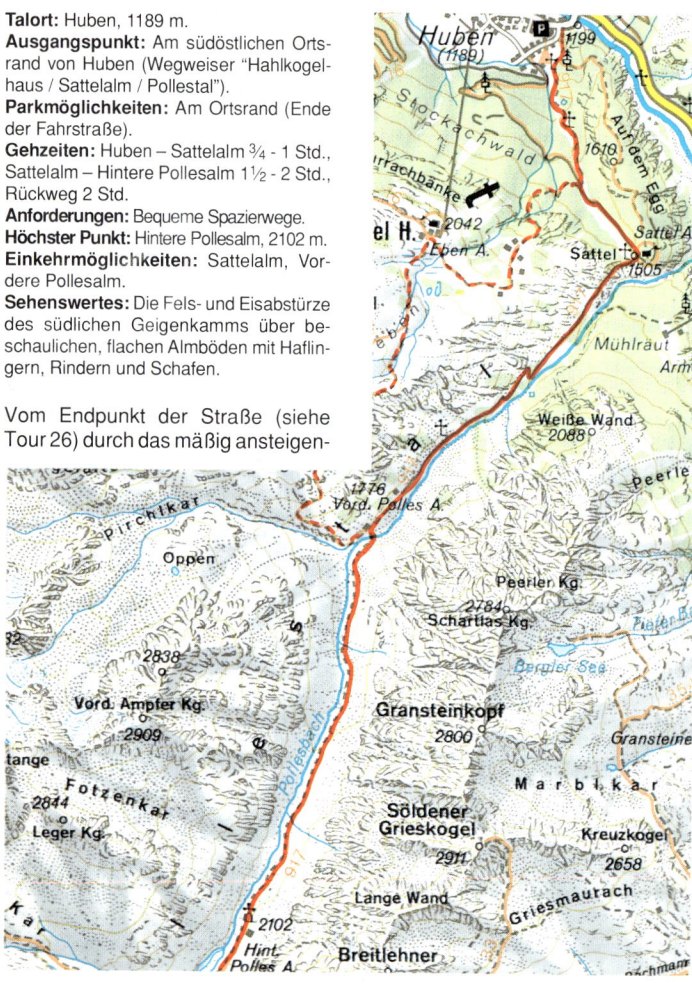

Nicht selten begegnen uns Pferde auf dieser beschaulichen Almwanderung.

de Wald- und Wiesental parallel zur Stromleitung nach Süden hinauf, bis man den Fahrweg zur **Sattelalm** erreicht. Auf ihm kurz weiter zum "Sattel", 1505 m, mit der Sattelalm (Gastwirtschaft). Hierher führt auch eine andere Möglichkeit: Gleich nach Beginn des Weges, noch am Waldrand, bei Wegweiser links ab und auf bezeichnetem Steig über den waldigen Rücken "Auf dem Egg", 1610 m, dessen Ostseite direkt ins Ötztal abfällt, hinauf zum "Sattel". Vom Sattel folgt man dem breiten Fahrweg ins Pollestal und erreicht nach einer knappen Stunde die **Vordere Pollesalm**, 1776 m, mit Jausenstation. Nach einer weiteren Stunde kommt man zur **Hinteren Pollesalm**, 2102 m. Ausdauernde Geher können von hier noch weiter, dem bezeichnetem Almweg folgend, in den hinteren Talgrund vordringen ("Urfeld"). Der müheloseste Abstieg erfolgt auf dem Anstiegsweg. **Variante**: Für trittsichere und ausdauernde Geher bietet sich die Möglichkeit einer Verbindung von Tour 27 und 26 an: Man geht von der Vorderen Pollesalm noch kurz talein und folgt bei der Wegteilung der rechten Abzweigung, einem markierten Fußsteig, der bald sehr steil, teilweise ausgesetzt und versichert den Talhang nach Norden überwindet. Man gelangt auf die weiten Almböden der Ebner Alm und nach Nordosten hinaus zum Hahlkogelhaus. Abstieg von dort nach **Huben** wie bei Tour 26 beschrieben.

28 Hochsölden, 2083 m

Wanderung auf das Sonnenplateau über Sölden

Sölden – Grünwald – Gampealm – Hochsölden – Edelweißhütte – Haimbach – Sölden

Talort: Sölden, 1368 m.
Ausgangspunkt: Im nördlichen Ortsteil von Sölden, an der Tankstelle.
Parkmöglichkeit: Bei der Talstation der Giggijoch-Bahn oder bei der Freizeit-Arena.
Gehzeiten: Talstraße / Tankstelle – Grünwald ¾ Std., zur Gampealm 1 Std., Hochsölden ½ Std., zur Edelweißhütte 1 Std., nach Sölden ½ Std.
Anforderungen: Breite, bezeichnete Wege.
Höchste Punkte: Hochsölden, 2083 m, Gam-

pealm, 2000 m, Edelweißhütte, 1821 m.
Einkehrmöglichkeiten: Gampealm, mehrere Gaststätten in Hochsölden, Leiteralm, Edelweißhütte.
Sehenswertes: Die Gampealm mit noch im alten Stil erhaltenen Holzgebäuden. Pfarrkirche in Sölden, bereits 1288 erwähnt, der gotische Umbau von 1521 ist im äußeren Erscheinungsbild weitgehend erhalten. Im 18. Jh. umgebaut, mehrmals restauriert.

Das Wander- und Tourengebiet rund um Sölden erschließt neben den reizvollen Alm- und Waldregionen auch die großartige Fels- und Eiswelt der Ötztaler Berge, die über dreitausend Meter aufragen. Im Sommer sind die meisten Almen und alle Hütten bewirtschaftet. Unsere Wanderung führt auf die freie Hochfläche über **Sölden**, der das innere Ötztal viel von seiner Beliebtheit verdankt. Der Wanderweg nach Grünwald beginnt an der Talstraße bei der Tankstelle. Hinauf nach **Grünwald**. Nun entweder gerade steil aufwärts direkt zur Gampealm oder südwärts hinüber, wo man die Gletscherstraße erreicht. Hier kurz aufwärts, auf dem Fahrweg Richtung Hochsölden ansteigen und dann links auf dem breiten Weg zur **Gampealm**. Von der Alm auf Steig aufwärts zum breiten Weg, der von der Rettenbachalm kommend, nach Hochsölden führt. Von der Kirche in **Hochsölden** steigt man kurz ab, dann führt ein Weg nordwärts in den Graben des Haimbaches und talab über die **Edelweißhütte** zurück zum Ausgangspunkt.

Bei der Wanderung von Hochsölden zur Gampealm.

29 Silbertal, 1960 m

Zu den Hochalmen über Sölden

Sölden – Gaislachalm / Silbertal – Gaislach – Bodenegg – Zwieselstein – Sölden

Talort: Sölden, 1368 m.

Ausgangsort: Sölden, Talstation der Gaislachkogel-Seilbahn an der Ötztaler Straße. Von 17. Juni bis 20. September besteht ein Kleinbus-Liniendienst stündlich ab Sölden Postplatz nach Gaislach und zurück.

Parkmöglichkeit: In Sölden.

Gehzeiten: Sölden – Gaislachalm / Silbertal Alm 1½ Std., Silbertal Alm – Gaislach – Venter Tal / Bodenegg 1½ Std., nach Zwieselstein 35 Min.

Höhenweg Vent 3000: Gaislachalm – Restaurant Tiefenbach 3½ Std., Restaurant Tiefenbach (auch mit Bus von Sölden erreichbar) – Vent 3 Std., Anstieg von Vent

zum Tiefenbachferner / Parkplatz 4 Std., Abstieg vom Tiefenbachferner zur Gaislachalm 2½ -3 Std.

Anforderungen: Markierte Steige.

Höchster Punkt: Restaurant Tiefenbach, 2700 m, Gaislachalm, 1968 m, Silbertal, 1950 m.

Einkehrmöglichkeiten: Gasthaus Löplealm, Goldegg, Bubis Schihütte, Sonneck, Gaislachalm, Silbertal, Restaurant Tiefenbach.

Sehenswertes: Die Rundsicht von der Gaislachalm umfaßt das Gebiet des inneren Ötztals mit den Stubaier Alpen und dem Ramolkamm. Schöner Tiefblick ins Venter Tal.

Vom Höhenweg eindruckvoller Blick auf den Ramolkamm.

Die Gaislachalmen mit Tiefblick ins Venter Tal

Gaislachalm mit dem Gasthaus Silbertal.

Gaislach und Silbertal sind bewirtschaftete Almgebiete mit vielen noch erhaltenen alten Heuhütten und Häusern. Die Wanderung bergab über die weiten, zum Teil steilen Wiesen zur Almsiedlung **Gaislach** mit der kleinen Kirche führt zu einem typischen, früher lebenswichtigen Lebensraum der Ötztaler Bauern. Zuerst über die Gletscherstraße (vom Ortsteil Pitze aus) kurz aufwärts, dann südwärts ab und in bequemer Steigung auf dem breiten Almweg über das Ghs. Sonneck und die **Gaislachalm** zum Ghs. Silbertal am Oberrand der weiten Almwiesen. Hierher gelangt man auch im Abstieg von der Mittelstation der Seilbahn vom Gaislachkogel in 35 Min. Weiter auf breitem Weg abwärts zum Kirchlein Gaislach; Wegweiser. Von hier auf gutem Weg talab ins Venter Tal, das man talaus von der Häusergruppe **Bodenegg** erreicht; Bushaltestelle. Von hier talaus nach Zwieselstein.

Variante Höhenweg Vent 3000: Der neue Höhenweg Vent 3000 von der Gaislachalm über Tiefenbach nach Vent führt in einer Höhe von ca. 2500 bis 2800 Meter an der Nordseite (Sonnenseite!) des Venter Tales entlang. Obwohl gut ausgebaut, ist dieser Weg nur ausdauernden und trittsicheren Gehern zu empfehlen. Ausgesetzte Stellen sind versichert. Das Wandern durch die weiten, einsamen Kare, Blockfelder und die Hochmahder über Vent bringt einmalige Bergerlebnisse. Von der **Gaislachalm** westwärts auf dem zuerst breiten Weg aufwärts. Bei der Wegteilung geradeaus in mäßiger Steigung weiter. Bevor man den Graben des Petzner Baches erreicht, geht es steil bergauf. Unterhalb der Petzner Seen über den Bach und weiter aufwärts zum Parkplatz und **Rest. Tiefenbach**. Ab hier quert der Höhenweg die steilen Hänge hoch über dem Venter Tal. Man überschreitet mehrere Bäche und Rinnen und erreicht zuletzt, bergab gehend, die Lawinenbaustraße, die in der Nähe der Wildspitz-Sesselbahn talab nach **Vent** führt. Rückfahrt mit Bus nach Zwieselstein oder Vent. Vom Parkplatz Tiefenbachferner verkehrt ein Bus zurück nach Sölden.

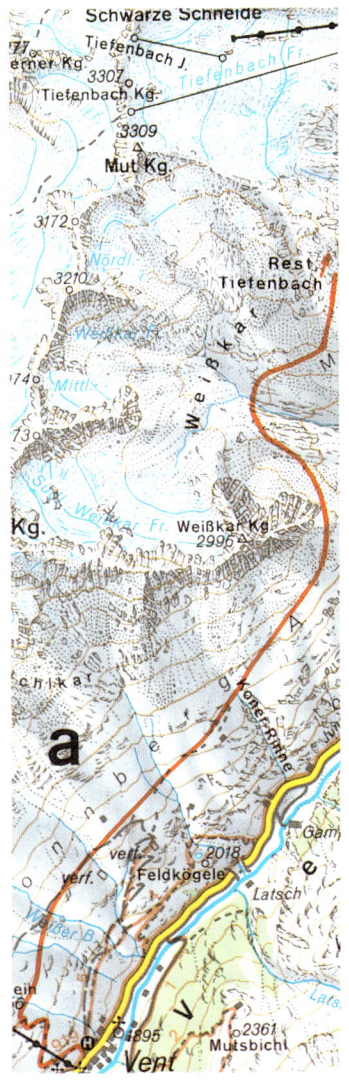

30 Gaislacher See, 2704 m, und Gaislachkogel, 3056 m

Einsamer Bergsee unter dem Gaislachkogel

Gaislachalm – Gaislacher See – Gaislachkogel – Gaislachalm

Talort: Sölden, 1377 m.
Ausgangspunkt: Gaislachalm, ca. 2000 m. Vom 17. Juni bis zum 20. September Kleinbus-Liniendienst stündlich von Sölden-Parkplatz nach Gaislach.
Parkmöglichkeit: In Sölden.
Gehzeiten: Zum Gaislacher See 2 Std., Aufstieg zum Gaislachkogel 1 Std., Abstieg vom Gipfel zur Mittelstation 1½ Std., von dort zur Gaislachalm 40 Min. Abstieg Mittelstation – Sölden 2 Std., Abstieg See – Gaislachalm 2 Std.

Anforderungen: Gut markierte Wege und Steige, teilweise steiles Gelände.
Höchste Punkte: Gaislachkogel, 3056 m, Gaislacher See, 2704 m, Mittelstation der Gaislachkogel-Bahn 2174 m, Gaislachalm, 1968 m.
Einkehrmöglichkeiten: Ghs. Sonneck, Gaislacher Alm, Silbertal, Bergrestaurant.
Sehenswertes: Sehr schöner Blick auf die Berge des Ramolkammes südlich über dem Venter Tal mit den nordseitig eingelagerten steilen Gletschern.

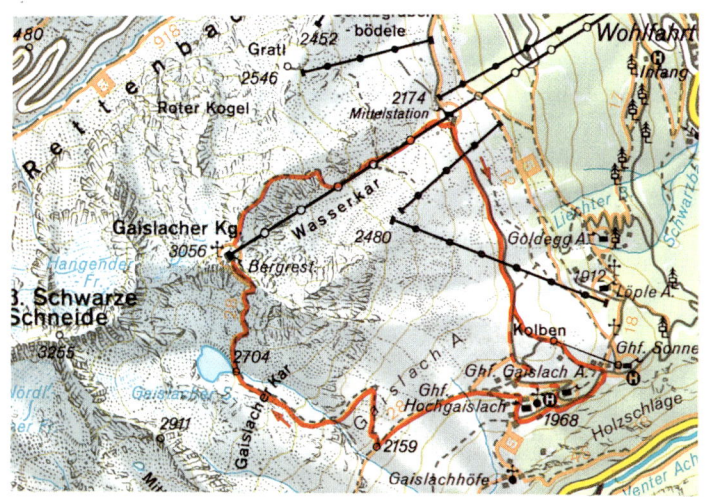

Der Ausblick vom klaren Hochgebirgssee unter dem Gaislachkogel hat seinen ganz besonderen Reiz, und die Aussicht vom Gipfel umfaßt das gesamte Berggebiet rund um Sölden. Das sollte man sich bei schönem Wetter nicht entgehen lassen! Von der **Gaislachalm** (Wegweiser) auf dem zuerst breiten

Weg (Skiweg) aufwärts. Dann bei der Wegteilung rechts und in vielen Kehren steiler die Hänge aufwärts auf einen kleinen Boden. Nochmals über eine Hangstufe steil aufwärts und zuletzt nach rechts über den Bach und zum See. Ein Stück über grobes Blockwerk am See entlang weiter nach Norden, dann rechts auf Steig empor zum **Gipfel**. Vom Gipfel nach Osten hinab in Richtung Mittelstation der Seilbahn (Weg über die Skiabfahrt). Vor Erreichen der Station nach rechts zur **Gaislachalm** hinab oder weiter zur Mittelstation und über die Goldeggalm und Löplealm zum Weg **Gaislach – Sölden**. Auf ihm zurück nach Sölden. Von der Mittelstation bietet sich ein besonders beliebter, weil müheloser Spazierweg südwärts hinüber zur Gaislachalm an. Von dort zurück nach **Sölden**.

Der Gaislachsee mit Blick auf den Ramolkamm.

31 Dr.-Bachmann-Weg

Beliebter Höhenweg im Almgebiet über Hochsölden

Hochsölden – Gransteiner Alm – Ghs. Hochwald – Ghs. Granstein – Lochlehn – Sölden

Talort: Sölden, 1368 m.
Ausgangspunkt: Hochsölden, 2083 m, hierher entweder zu Fuß auf der Zufahrtsstraße in mäßiger Steigung oder steiler auf den Fußwegen entweder über Haimbach oder Grünwald. Die Auffahrt nach Hochsölden erfolgt mit der Sesselbahn.
Parkmöglichkeiten: Bei der Talstation der Bergbahn (Giggijoch) in Sölden. Am Unterrand von Hochsölden. Der Ort selbst kann nicht mit PKW erreicht werden (ausgenommen Hotelbewohner).
Gehzeiten: Hochsölden – Gransteiner Alm 2 Std., Abstieg zum Ghs. Hochwald 1 Std., nach Granstein Ghs. Grüner 15 Min., nach Sölden 30 Min.
Anforderungen: Ausdauer. Der markierte Abstieg nach Hochwald ist im ersten Teil steil, dann gute Wege.
Höchster Punkt: Gransteiner Alm, ca. 2000 m.
Einkehrmöglichkeit: Ghs. Hochwald, Ghs. Grüner in Granstein.
Sehenswertes: Rundblick von Hochsölden. Besonders reizvoll ist das ausgedehnte Almgebiet der Gransteiner Alm mit den vielen dunkelbraunen Holzgebäuden. Der idyllische Weiler Granstein auf kleiner Hochfläche.

Die Hütten der Gransteiner Alm.

Der nach dem lange in Hochsölden wirkenden Arzt und erfolgreichen Extrembergsteiger Dr. Manfred Bachmann benannte Höhenweg führt hoch über dem Tal zu einigen der noch voll bewirtschafteten Almen über Sölden und Granstein. Fast alle Wirtschaftgebäude der Almgebiete sind noch erhalten, wenn auch nicht mehr durchgehend genutzt. Am Oberrand der Hotelsiedlung **Hochsölden** beginnt der Dr.-Bachmann-Weg (Wegweiser). Er quert die Hänge der

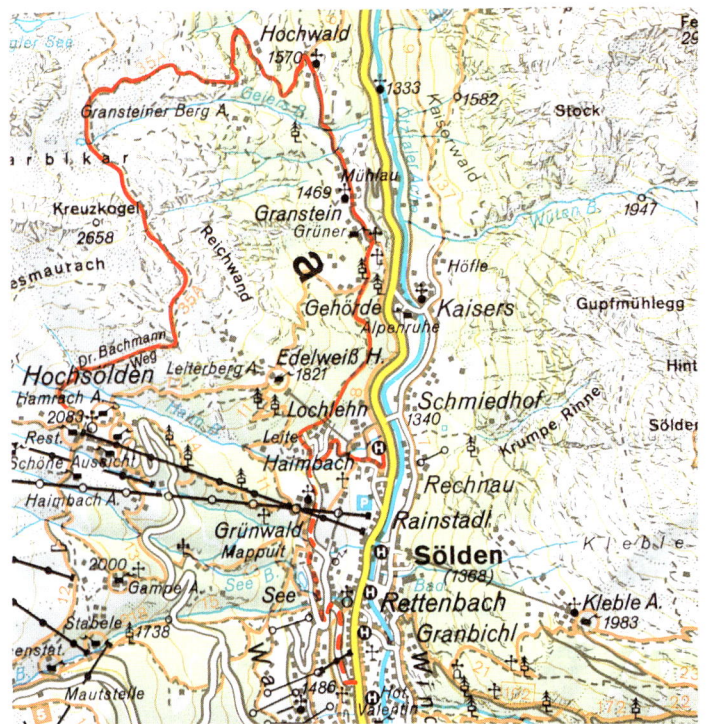

Hamrachalm und die Bäche (Stecklbach). Um ein Eck in das Kar und über schrofiges Gelände ("Geklobener Stein") bergauf. Dann in schöner Wanderung in einer Höhe von ca. 2400 m zu einem kleinen See im Marblkar. Kurz leicht fallend weiter zur Wegteilung. Von hier kann man in etwa 30 Minuten zum **Bergler See** (Peerler See), 2456 m, aufsteigen. Von der Wegteilung bergab zu den großen Almhütten der **Gransteiner Almen.** Über die Wiesen steil hinab zu den kleinen Heuhütten ("Gmoaralm") und weiter talab zur **Alm Isse**, 1744 m. Nun auf breitem Weg zur Jausenstation Hochwald und auf der Straße kurz hinunter nach **Granstein**, Ghs. Grüner. Von Granstein kann man an der Talstraße nach Aschbach weiterwandern oder über Mühlau nach Sölden absteigen. Die schönere Variante verläuft von Granstein über den Panoramaweg, der von der Straße am Unterrand des Weilers nach rechts abzweigt und am Hang entlang nach **Sölden** hinüberführt.

89

32 Schwarzkogel, 3016 m

Zur Gletscherschau über Sölden

Hochsölden – Rotkogeljochhütte – Schwarzsee – Schwarzkogel – Rettenbachalm – Sölden

Talort: Sölden, 1368 m.

Ausgangspunkt: Hochsölden, 2083 m. Hierher auf Fußweg oder mit dem Giggijoch-Sessellift von Sölden. Von der Bergstation des Sessellifts bringt uns die Doppelsesselbahn, die man in wenigen Minuten von Hochsölden erreicht, noch etwa 250 Höhenmeter gegen die Rotkogeljochhütte empor.

Parkmöglichkeit: In Sölden an der Talstation der Bergbahn Giggijoch.

Gehzeiten: Zu Fuß nach Hochsölden 1½ Std., zur Rotkogeljochhütte 1½ Std., bei Benützung des Lifts von Hochsölden aus 1 Std., Aufstieg zum Schwarzsee ½ Std., vom See zum Schwarzkogel 40 Min., Abstieg zur Hütte 1 Std., Abstieg von der Hütte nach Hochsölden 1 Std. 20 Min., Abstieg ins Rettenbachtal, Ghs. Falkner 1½ Std., Ghs. Falkner – Hochsölden 1 Std.

Anforderungen: Gut markierte Wege. Zum Gipfel muß man Blockwerk überwinden, insgesamt aber unschwierig.

Höchste Punkte: Schwarzkogel, 3016 m, Schwarzsee, 2800 m, Rotkogeljochhütte, 2660 m.

Einkehrmöglichkeiten: Rotkogeljochhütte, Ghs. Falkner, Gaststätten in Hochsölden.

Sehenswertes: Von der Rotkogeljochhütte schöner Blick auf die großen Gletscher im Bereich der Inneren und Äußeren Schwarzen Schneide, 3367 m und 3255 m. Schwarzsee.

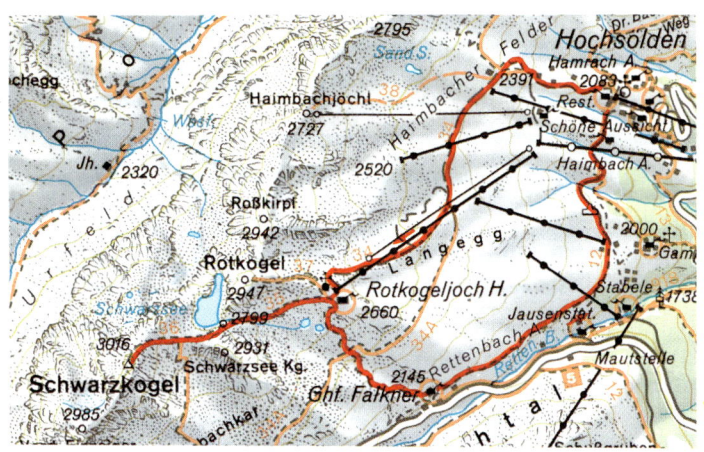

Die leicht erreichbare Rotkogeljochhütte mit ihrem Ausblick auf die weiten Gletscher der Äußeren und Inneren Schwarzen Schneide ist ein beliebtes Söldener Wanderziel. Von der Hütte aus kann man einen Dreitausender, den

Am Weg zum Schwarzkogel, im Hintergrund Innere und Äußere Schwarze Schneid.

Schwarzkogel, ohne besondere Schwierigkeiten besteigen. Entweder zu Fuß oder mit dem Lift die Grashänge über **Hochsölden** empor. Auf gutem Weg hinauf zur Hütte mit der kleinen Kirche auf aussichtsreichem Hügel. Ein gepflegter Weg führt weiter zur Einsattelung zwischen Rotkogel im Norden und Schwarzseekogel im Süden hinauf. Der See liegt im weiten Schuttkar zu Füßen des **Schwarzkogel**. Zum Gipfel geht es über grobe Blöcke südlich am See vorbei weiter und über den Nordrücken hinauf. Abstieg auf gleichem Weg zur Hütte und nach Hochsölden. Man kann auch ins **Rettenbachtal** absteigen: auf Steig am kleinen See vorbei und über die freien Hänge hinunter zum Ghs. Falkner. Vom **Ghs. Falkner** an der Gletscherstraße führt ein breiter Weg fast eben in schöner Wanderung zurück nach Hochsölden. Von diesem Weg kann man zur Gampealm absteigen und nach **Sölden** wandern.

33 Söldener Grieskogel, 2911 m

Steiler Felsgipfel über Hochsölden

Hochsölden – Grieskogel – Hochsölden

Talort: Sölden, 1368 m, bekannter Ferien- und Wintersportort.
Ausgangspunkt: Hochsölden, 2083 m, auf einem Fußweg von Sölden (1½ Std.) oder mit der Giggijochbahn erreichbar. Mit dem PKW kann man nur bis zum unteren Rand der Siedlung fahren.
Parkmöglichkeiten: In Sölden bei der Talstation der Seilbahn, in Hochsölden am Unterrand der Hotelsiedlung.

Höchster Punkt: Grieskogel, 2911 m.

Einkehrmöglichkeit: In Hochsölden.

Sehenswertes: Vom Gipfel großartiger Blick auf den Hauptkamm mit der beherrschenden Wildspitze.

Anforderungen: Bezeichneter Steig. Die Felspassagen im Gipfelaufbau sind ausgesetzt, jedoch versichert. Nur für Geübte! Trittsicherheit erforderlich.

Gehzeiten: Von der Kirche in Hochsölden zum Gipfel 2¼ Std., Abstieg 2 Std., insgesamt 4¼ Std.

Wer einsame Gipfel mit einem interessanten, versicherten Felsanstieg liebt, wird beim Söldener Grieskogel sicher voll und ganz auf seine Rechnung kommen.

Vom Kirchlein in **Hochsölden** geht es auf breitem Weg steil aufwärts. Man erreicht eine aussichtsreiche grüne Kuppe in 2400 m. Hier zweigt unser Steig nach rechts (nordwärts) ab und führt unter den Felswänden des **Grieskogel** über den Hang aufwärts.

Schließlich steigt man über Felsplatten und Blockwerk hinauf. Zuletzt gelangt man ziemlich luftig über den Nordostrücken des Berges zum Gipfelkreuz (Gipfelbuch).

Abstieg auf gleichem Weg.

Am aussichtsreichen Gipfelgrat des Söldener Grieskogels.

34 Gasthaus Fiegl, 1956 m

Zu den Almdörfern auf der Sonnenseite über Sölden und in das Windachtal

Sölden – Stallwiesalm – Kleblealm – Alpengasthof Fiegl / Windachalm – Lochlealm – Sölden

Talort: Sölden, 1368 m.
Ausgangspunkt: Sölden, 1368 m, Ortsteil Granbichl südlich des Freizeitzentrums.
Parkmöglichkeiten: Im Ortsbereich von Sölden, beim Freizeitzentrum.
Gehzeiten: Zur Stallwiesalm 1½ Std., zur Kleblealm über den Fußsteig 30 Min., über die Straße 45 Min., Kleblealm – Ghs. Fiegl 1 - 1½ Std., Sölden – Ghs. Fiegl (ohne Umweg über die Almen) 2½ - 3 Std., Sölden – Windachtal ca. 7 km.
Anforderungen: Breite Almwege, ein Steig

im Abschnitt Stallwies – Kleble.
Höchste Punkte: Stallwies, 1842 m, Kleblealm, 1983 m, Ghs. Fiegl, 1956 m, Lochlealm, 1843 m.
Einkehrmöglichkeiten: Stallwies, bewirtschaftet Anfang Juni bis Mitte Oktober, Kleblealm Juni bis Ende September; Übernachtungsmöglichkeit. Ghs. Fiegl / Windachalm bewirtschaftet Anfang Juni bis Ende September; Übernachtungsmöglichkeit.
Sehenswertes: Das Almdorf Kleble mit der kleinen Kirche. Die Windachalm mit den alten Almgebäuden über den Almwie-

Diese Almwanderung ist fast ein Muß für jeden Ötztalbesucher, führt sie doch zu den großen Almdörfern Kleble auf aussichtsreicher Höhe über Sölden und zur Windachalm auf der Wieseninsel im einsamen Windachtal; zusammen mit Stallwies, Lochle und Bruggeralm schenken sie dem Wanderer im Sommer ein Naturerlebnis besonderer Art.

Vom Ortsteil **Granbichl** auf dem breiten Fahrweg (kein öffentlicher PKW-Verkehr) aufwärts. Hoch über der Schlucht zweigt der Fahrweg nach Stallwies nach links ab. Fast eben hinüber zur **Stallwiesalm**.

Von Sölden nach Stallwies über den Fußsteig: Dieser Steig zweigt nach der zweiten Kehre der Almstraße nach links ab. Man trifft nach Erreichen der Höhe

Die Kleblealm auf der Sonnenterrasse über Sölden.

auf den Fahrweg. Auf ihm halten wir uns nun nach links nach Stallwies. Von dort geht es auf dem Fußweg direkt empor zur im Sommer bewirtschafteten **Kleblealm**.

Man kann von Sölden auch direkt auf dem Almweg, der in bequemer Wanderung zum Gasthaus Fiegl im Windachtal hinaufführt, wandern. Für den Weiterweg von der Kleblealm zum **Gasthaus Fiegl** geht man ein Stück auf der Almstraße zurück, bei der ersten Kurve zweigt man ostwärts auf einen Steig ab, der durch den Wald hinüberführt zur Straße Sölden – Gasthaus Fiegl. Man erreicht sie in der Nähe der **Lochlealm**. Auf ihr schließlich talein zum Gasthaus Fiegl.

Abstieg auf gleichen Wegen.

35 Hochstubaihütte, 3174 m

Extremrunde über die höchstgelegene Hütte des Ötztals in die Stubaier Berge

Sölden – Ghs. Fiegl – Himmelsleiter – Hochstubaihütte – Hüttenweg – Kleblealm – Sölden

Talort: Sölden, 1368 m.

Ausgangspunkt: Ghs. Fiegl, 1959 m, auf Fahrweg von Sölden in 2½ - 3 Std. zu erreichen; dort Übernachtungsmöglichkeit (siehe Tour 34).

Parkmöglichkeit: In Sölden bei der Freizeit Arena.

Gehzeiten: Sölden – Ghs. Fiegl 3 Std., Ghs. Fiegl – "Himmelsleiter" – Hochstubaihütte 3 - 3½ Std., Abstieg über den Hüttenweg Laubkarsee – Klebealm – Sölden 5 Std.

Anforderungen: Gletscherfreie, jedoch steile, versicherte Steige, die in hochalpines Gelände und große Höhe führen. Im Frühsommer (Juli) Altschneereste! Gute Kondition und Bergerfahrung notwendig.

Höchster Punkt: Hochstubaihütte, 3174 m.

Einkehrmöglichkeiten: Klebealm, Ghs. Fiegl (im Sommer), Hochstubaihütte, bewirtschaftet 1. Juli bis Mitte September, Hüttenwirt Otto Fiegl, Tel. 05254 / 2414. Übernachtungsmöglichkeiten: Klebealm, Ghs. Fiegl, Hochstubaihütte (50 Schlafplätze).

Sehenswertes: Klebealm und Windachalm. Umfassende Rundsicht von der Hochstubaihütte über die Gipfel der Stubaier Alpen.

Vom **Gasthaus Fiegl** führt der Steig direkt über die steilen Hänge in Kehren aufwärts, dann gegen rechts, unter dem Materialaufzug hindurch und links zum Seekarsee, 2655 m. Der Steig führt westwärts durch das Seekar empor

Windachalm und Gasthaus Fiegl.

und, kurz rechtshaltend, an den mächtigen Rücken. Hier beginnt die eigentliche "Himmelsleiter", ein kühn angelegter Weg über Felsstufen direkt empor zur Hochstubaihütte (der alte Weg führte vom Seekarsee rechts empor, er ist heute aber aufgelassen). Von der Hütte nordwärts über den gut angelegten Hüttenweg hinab. Der Weg führt dann am Durrnkögele vorbei und westwärts hinab zum **Laubkarsee**; dann steil südwärts hinunter ins Laubkar. Hoch über der Windachschlucht im Bogen nach Westen und hinunter zu den Wiesenhängen der **Kleblealm**.

Hier entweder gerade hinab zur Stallwiesalm und weiter auf dem Fußsteig durch Wald hinab zum Fahrweg oder in bequemerer Wanderung über den Fahrweg nach **Sölden**.

36 Siegerlandhütte, 2710 m

Durch das einsame Windachtal in das Herz der Stubaier Berge

Ghs. Fiegl / Windachtal – Siegerlandhütte und zurück

Talort: Sölden, 1368 m.
Ausgangspunkt: Ghs. Fiegl, 1959 m, im Windachtal. Zu Fuß auf der Fahrstraße in 2½ - 3 Std. von Sölden aus erreichbar (siehe Wanderung 34).
Parkmöglichkeit: In Sölden bei der Freizeit-Arena.
Gehzeiten: Sölden – Ghs. Fiegl 2½ - 3 Std., Ghs. Fiegl – Siegerlandhütte 3 Std., Abstieg von der Siegerlandhütte nach Sölden 5 - 6 Std.

Anforderungen: Markierte Steige in alpinem Gelände.
Höchste Punkte: Ghs. Fiegl, 1959 m, Siegerlandhütte, 2710 m.
Einkehrmöglichkeiten: Ghs. Fiegl, Siegerlandhütte, bewirtschaftet Juli - September, 80 Schlafplätze.
Sehenswertes: Die großartige Hochgebirgswelt der Stubaier Berge. Mehrere schöne Bergseen. Das Windachtal mit den Almen und Karen.

Diese Hüttenwanderung führt in die großartige Bergwelt der Stubaier Alpen. Man kann diesen Tourenvorschlag zu einer Zwei-Tages-Wanderung ausdehnen, indem man auf der Siegerlandhütte übernachtet und am nächsten Tag zur Hildesheimer Hütte (2899 m, bewirtschaftet von Mitte Juni bis Ende September, von der Siegerlandhütte zur Hildesheimer Hütte 3½ Stunden) weiterwandert. Vom **Ghs. Fiegl** führt der Hüttenweg durch das Windachtal

Vor der Hildesheimer Hütte, im Hintergrund Wildspitze und Weißkugel.

wenig ansteigend talein. Bei der Mündung des Gaißbaches an der Talstation des Materialaufzuges zur Hildesheimer Hütte vorbei und durch das ab hier enge Tal aufwärts. Im hintersten Talkessel, nach Überschreiten der Bäche, trifft man auf die Talstation des Materialaufzuges zur **Siegerlandhütte** (Tele-

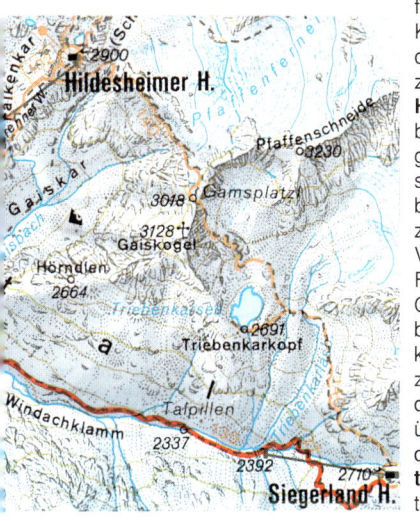

fon, Rucksacktransport); in einigen Kehren zur Anhöhe (Hüttenberg), wo die Hütte steht. Auf gleichem Weg zurück. Übergang zur **Hildesheimer Hütte**: Man begeht den weiten Karboden des Triebenkarsbaches in großem Bogen nach Westen und steigt dann steiler (der große Triebenkarsee liegt links unten im Kar) zum Joch mit dem Gamsplatzl auf. Vom aussichtsreichen Rastplatz am Fuß des plattigen Ostgrates des Gaißkogels auf steilem Steig hinab bis in das große Kar unter dem Gaißkarferner. In ein paar Kehren hinauf zum Hüttenweg und über ihn zur Hildesheimer Hütte. Der Abstieg führt über den steilen Hüttenweg, der uns direkt in vielen Kehren ins **Windachtal** zurückbringt. In etwa ¾ Stunde talaus zum Ghs. Fiegl.

99

37 Timmelsjoch, 2509 m

Zu Fuß zum Alpenhauptkamm empor

Sölden – Moos – Zwieselstein – Timmelstal – Timmelsjoch und zurück

Talort: Sölden, 1368 m.
Ausgangspunkt: Am südlichen Ortsrand von Sölden, von der Hauptstraße bei der Seilbahn-Talstation nach Osten abzweigen (Wegweiser "Platte"), zum Campingplatz und zur Brücke.
Parkmöglichkeiten: Am besten vor der Brücke neben dem Campingplatz.
Gehzeiten: Sölden – Zwieselstein ¾ Std., Zwieselstein – Timmelsjoch 2½ Std., Rückweg 3 Std.
Anforderungen: Gut markierte Fußwege.
Höchster Punkt: Timmelsjoch, 2509 m.
Einkehrmöglichkeiten: In Zwieselstein einige Gaststätten; je nach Wegwahl auch im "Sahnestüberl".
Sehenswertes: Die wildromantische Kühtreienschlucht zwischen Sölden und Zwieselstein; die Hochalmen im Timmelstal und die Paßstraße (12 km von Untergurgl zum Timmelsjoch); jenseits mit kühnen Tunnel- und Serpentinenbauten hinunter nach St. Leonhard im Pas-
seier; Mautstraße, nur in den Sommermonaten geöffnet; Grenzübergang 6 - 20 Uhr.

Diese Wanderung führt uns durch die wildromantische Kühtreienschlucht empor zum Alpenhauptkamm, dem steilen Scheitelpunkt Nord- und Südtirols.

Vom Campingplatz über die Brücke, dann rechts ab und auf dem schmalen, steilen Fahrsträßchen durch den Weiler **Platte** bis zum Ende der Fahrstraße beim Weiler **Innermoos** (kaum Parkmöglichkeit!). Hier rechts ab, an Felsblöcken vorbei und auf dem bezeichneten Fußweg (kein Wegweiser, Rastbänke) über der Ötztaler Ache an deren östlichem Ufer durch die wilde Kühtreienschlucht, bis man nach etwa einer halben Stunde die Talweite von **Zwieselstein** erreicht. Hier gabelt sich das Ötztal in das Venter und das Gurgler Tal. Von Zwieselstein geht es weiter südostwärts, kurz über Wiesen, an den Steilaufschwung, über den Bach und durch die kahlen, schrofigen Flanken des Brunnenkogels talein ins Gurgler Tal.

Der kürzeste Weg ins **Timmelstal** (Europäischer Weitwanderweg 5) zweigt bereits bevor man dessen Einmündung erreicht nach links ab, kommt bald zur Waldgrenze und führt, an Zollhütten und Almen vorbei, hinein in das kahle Timmelstal; überquert einige Male Bach und Straße und erreicht schließlich nördlich von ihr die Höhe des **Timmelsjochs** mit Zollhäusern, Restaurations-betrieben und Grenzübergang. Einige schöne kleine Seen befinden sich auf den grünen Böden südlich der Jochhöhe.

Ein lohnender, kleiner Umweg führt uns ein Stück weiter ins Gurgler Tal, über den Timmelsbach, der mit einem kleinen Wasserfall die letzte Stufe zum Gurgler Bach überwindet, und zur originellen Gastwirtschaft "**Sahnestüberl**", 1656 m, auf der "Zwieselsteintajen" genannten Alm auf der östlichen Talseite. Sie ist auch von der Straße ins Gurgler Tal, die man aber nicht berührt, gut sichtbar und auf Fahrweg erreichbar.

Von hier auf markiertem Fußweg in einer Schleife zurück ins Timmelstal, wo man den vorhin beschriebenen Weg dort erreicht, wo er zum erstenmal den Timmelsbach überquert.

Der Rückweg erfolgt am besten auf der eingangs beschriebenen Wegstrecke durch das **Gurgler Tal**.

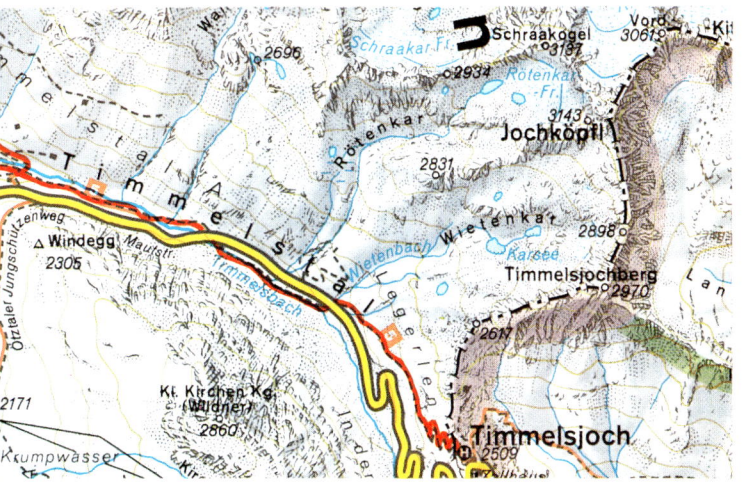

38 Brunnenkogelhaus auf dem Brunnenkogel, 2738 m

Urige Hütte auf steilem Gipfel über Sölden

Sölden – Windau – Platte – Moos – Brunnenbergalm – Ghs. Falkner – Brunnenkogelhaus und zurück

Talort: Sölden, 1368 m.

Ausgangspunkt: Südlicher Ortsrand von Sölden, von der Hauptstraße bei der Seilbahn-Talstation nach Osten (Wegweiser "Platte") abzweigen, weiter zum Campingplatz und zur Brücke.

Parkmöglichkeiten: Am besten vor der Brücke, neben dem Campingplatz.

Gehzeiten: Aufstieg zum Brunnenkogelhaus 4 Std., Abstieg 2 Std., zum Ghs. Falkner 1 - 1½ Std.

Anforderungen: Keine Schwierigkeiten, der gesamte Anstieg bis zum Brunnenkogel erfordert aber Ausdauer, insbesondere bei heißem Wetter (freie Südwest- und Südhänge).

Höchster Punkt: Brunnenkogel(haus), 2738 m.

Einkehrmöglichkeiten: Jausenstation Stabele-Brunnenbergalm, Whs. Falkner, Brunnenkogelhaus.

Sehenswertes: Im Herbst farbenschöne Lärchen- und Zirbenwälder im Anstieg. Vom Gipfel prächtiger Rundblick auf die Südseite des Hochstubai, auf die Ötztaler Eisgipfel wie Wildspitze und Weißkugel.

Vom südlichen Ortsrand von **Sölden** bei der Talstation der Gaislachkogelbahn zum Campingplatz und über die Ötztaler Ache (Parkmöglichkeit vor der Brücke). Dem Fahrweg folgend südwärts ansteigen, vorbei an zahlreichen Neubauten bis zum Ende des Fahrwegs beim Ortsteil **Innermoos**; hier Wegweiser "Brunnenbergalm". Auf bezeichnetem Steig steigt man nun steil durch Wald, später dem Forstweg teils folgend oder ihn abschneidend, hinauf zur lauschig gelegenen **Brunnenberg-Stabelealm** (Jausenstation) und weiter über eine Steilstufe in weitem Bogen zum **Gasthaus Falkner**, 1972 m. Vom

Abendstimmung auf der Brunnenbergalm.

Ghs. Falkner, wiederum dem Wegweiser und den Markierungen folgend, durch bald schütter werdenden Wald hinauf in die teils grasige, teils felsig-kahle Südwestflanke des Brunnenkogels. Zuletzt durch den steilen Gipfelhang in Kehren hinauf zum Nordwestrücken und zur nun sichtbaren **Hütte**, einem urigen Relikt aus der Zeit der ersten Hüttenbauten (1887). Wessen Ausdauer dieser Anstieg noch nicht auf die Probe stellen konnte, dem sei als Zugabe die kurze Kammwanderung zum Hinteren Brunnenkogel, 2775 m, und Rotkogel, 2894 m, empfohlen. Auf gutem Steig, stets auf der Kammhöhe, erreicht man die Gipfel in ¼ bzw. ½ Std. vom **Brunnenkogelhaus**. Am Aufstiegsweg zurück zum Ghs. Falkner. Nun entweder wie im Aufstieg beschrieben zurück nach Moos (auf Abzweigungen achten: in Abstiegsrichtung nach Moos dem Wegweiser "Zwieselstein" folgen!) oder vom Ghs. Falkner dem Fahrweg folgend, in weiten Kehren hinunter zum Ortsteil Platte und zur Brücke; oder unterhalb der **Brunnenbergalm** rechts abzweigen und auf bezeichneten Steigen durch den Brunnenwald hinunter zur Straße bei der Brücke (Abzweigung wegen Neubauten im Aufstieg schwer zu finden).

39 Wildes Mannle, 3023 m

Lohnender Aussichtspunkt über dem Tal von Vent

Vent – Wildspitzlift – Wildes Mannle und zurück

Talort: Vent, 1895 m.
Ausgangspunkt: Bergstation des Wildspitzlifts (Talstation in Ortsmitte bei der Kirche).
Parkmöglichkeiten: Gebührenpflichtige Parkplätze am Ortseingang oder an der Lift-Talstation. Freies Parken im Ort nicht möglich!
Gehzeiten: Von Vent zum Wilden Mannle 2½ - 3 Std., von der Lift-Bergstation 1½ - 2 Std., Abstieg vom Wilden Mannle zur

Station 1 Std., nach Vent 1½ Std.
Anforderungen: Für die Steige ("Jubiläumssteig") an der Westflanke des Wilden Mannle sind Trittsicherheit und gutes Schuhwerk erforderlich.
Höchster Punkt: Wildes Mannle, 3023 m.
Einkehrmöglichkeiten: An der Lift-Bergstation.
Sehenswertes: Eindrucksvolle Blicke in die Südabstürze der Wildspitze, auf die Kämme von Ramolkogel und Kreuzspitze.

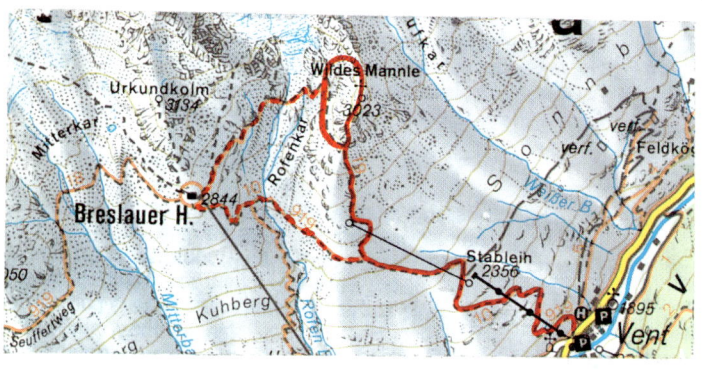

Von der **Bergstation** der Wildspitzbahn dem Weg zur Breslauer Hütte folgen, bis man auf eine Kehre des Fahrwegs trifft (½ Stunde), wo bei einem Wegweiser nach rechts der bezeichnete Weg zum Wilden Mannle abzweigt. Er führt zunächst über den grasigen Rücken nordwärts empor, vorbei an der Schlepplift-Bergstation, bei den ersten Schrofen links und durch erdig-blockiges Gelände wieder zum Kamm empor; zuletzt über Blockwerk auf die flache Kuppe mit **Kreuz**. Abstieg entweder am gleichen Weg oder vom Kreuz, den Steinmännern folgend, über den Blockkamm leicht nach Norden absteigen; bevor der Rücken wieder steil ansteigt, beim letzten Steinmann links ab und durch die steile Flanke auf teils abschüssigem Steig (eine versicherte Kletterstelle) auf die östliche Seitenmoräne hinunter. Auf ihr abwärts, bis man auf die Abzweigung zur Breslauer Hütte trifft; dorthin oder weiter gerade zurück zum

Die Südflanke der Wildspitze vom Wilden Mannle aus gesehen.

Normalanstieg und zum Lift. Abstecher zur **Breslauer Hütte**: Vom Gipfel aus ist die Hütte, weiter westlich am freien Südabhang der Wildspitze gelegen, schon gut sichtbar. Man erreicht sie auf bezeichnetem Steig, indem man ohne größeren Höhenverlust durch das Rofenkar quert. Von der Hütte auf dem üblichen Anstiegsweg (siehe Tour 40) wieder zurück zur Lift-Bergstation.

40 Vernagthütte, 2755 m

Aussichtsreicher Höhenweg über dem Rofental

Breslauer Hütte – Vernagthütte – Rofenalm – Rofenhöfe – Vent

Talort: Vent, 1921 m.
Ausgangspunkt: Breslauer Hütte, 2844 m, gut erreichbar mit Hilfe des Sesselliftes Vent-Stablein. Sommerbetrieb von Juli bis Oktober (Auskunft über Betriebszeiten: Vent / Ötztal-Arena 05254 / 8193, Wildspitzlifte 05254 / 8154). Von der Bergstation in 1½ Std. zur Breslauer Hütte.
Parkmöglichkeiten: An der Ortseinfahrt von Vent. In der Ortsmitte bei der Talstation gebührenpflichtiger Parkplatz.
Gehzeiten: Bergstation Stablein – Breslauer Hütte 1½ Std., Höhenweg ("Seuffertweg") zur Vernagthütte 3 Std., Abstieg zu den Rofenhöfen 3 Std., Abstieg nach Vent 30 Min.
Anforderungen: Der Höhenweg ("Seuffertweg") ist gut ausgebaut, markiert, einige Felspassagen versichert. Abstieg von der Vernagthütte auf gutem Hüttenweg.
Höchste Punkte: Stablein, 2356 m, Breslau-

er Hütte, 2844 m, Vernagthütte, 2755 m, Rofenalm, 2011 m, Rofenhöfe, 2011 m.
Einkehrmöglichkeiten: Breslauer Hütte, bewirtschaftet Ende Juni bis Ende September (je nach Witterung), ca. 100 Schlafplätze, Tel. Hütte 05254 / 8156, Wirt im Tal 05254 / 8153. Vernagthütte, bewirtschaftet Juli - September, Tel. Hütte 05254 / 8128, über 100 Schlafplätze. Berggasthof Rofenhof, ganzjährig bewohnt.
Sehenswertes: Blick nach Osten auf die Stubaier Berge, im Süden auf die Berge des Kreuzspitzkammes bis zur Fineilspitze, 3514 m. Tiefblick ins Rofental und zu den Rofenhöfen. Beim Abstieg zum Vernagtbach Blick gegen die Vernagtspitze, im Süden der Fluchtkogel über dem Guslarferner. Die Rofenhöfe auf über 2000 m sind die höchste bäuerliche Dauersiedlung sowie eine der ältesten des Ötztales.

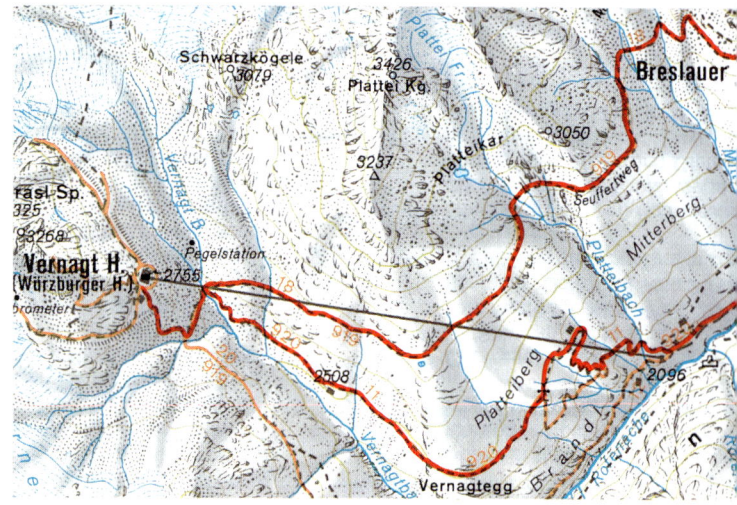

Die Breslauer Hütte.

Der Höhenweg von der Breslauer Hütte zur Vernagthütte ist eines der Schaustücke des inneren Ötztals. Von der **Bergstation Stablein** auf bezeichnetem Weg zur **Breslauer Hütte**. Von dort führt der Weg westwärts ins Mitterkar, überschreitet dort die Zuflüsse des Mitterbaches und geht um den Ausläufer des Vorderen Brochkogels herum ins Platteikar. Über den Bach und auf den

breiten Rücken, der den Übergang in den Graben des Vernagtbaches vermittelt. Von hier sieht man die Vernagthütte jenseits des Tales am Hang stehen. Leicht absteigend erreicht man den Talgrund. Hier auf einer Brücke über den Vernagtbach und, auf dem Hüttenweg ansteigend, empor zur Hütte. Von der **Vernagthütte** auf dem Hüttenweg talab zur Brücke über den Vernagtbach. Am jenseitigen Ufer am Hang talaus und leicht ansteigend zum **Vernagtegg**. Um den breiten Rücken herum und in Kehren hinunter zur Rofenalm. Auf breitem Weg hinaus zu den **Rofenhöfen**. Von den Rofenhöfen hinunter zur großen Hängebrücke, über die Brücke und jenseits über den Weg talab nach **Vent**.

41 Hochjochhospiz, 2423 m

Interessante Hüttentour durch das wilde Rofental

Vent – Rofenhöfe – Rofenalm – Rofenbergalm – Hochjochhospiz – Vent

Talort: Vent, 1921 m.
Ausgangspunkt: Vent, 1921 m.
Parkmöglichkeit: Am Ortseingang von Vent oder bei der Talstation des Wildspitz-Liftes (gebührenpflichtig).
Gehzeiten: Vent – Hochjochhospiz 2 Std., Rückweg 3 Std.
Anforderungen: Von Vent zur Rofenalm breite Wege, von der Rofenalm zum Hochjochhospiz teilweise ausgesetzt am steilen Hang, über schmale Brücken und versi-

cherte Felspassagen.
Höchster Punkt: Hochjochhospiz, 2423 m.
Einkehrmöglichkeiten: Ghs. Rofenhof, Hochjochhospiz, bewirtschaftet von Mitte Juni bis September, 100 Schlafplätze.
Sehenswertes: Die weiten Wiesenhänge rund um die Rofenhöfe auf über 2000 Meter. Die Rofenhöfe als höchstgelegene Bergbauernhöfe Tirols. Kühne Hängebrücke über die Schlucht mit eindrucksvollen Tiefblicken.

Die Wanderung zum Hochjochhospiz bietet landschaftliche Reize und führt in das vom Gletscherpfarrer Franz Senn erschlossene Berggebiet. Am jenseitigen Hang sieht man die Reste des alten Steiges, der zum alten Hochjochhospiz führte.

Von **Vent** auf breitem Weg zu den **Rofenhöfen**, entweder auf dem Fahrweg, der für den öffentlichen Verkehr gesperrt ist, oder über den schönen Wiesenweg, der am Südrand des Ortes zu den Weideböden hinaufführt. Über die Hängebrücke auf die andere Bachseite. Unterhalb der Rofenhöfe auf breitem Weg talein zur **Rofenalm**. Nun auf dem Steig ("Titzenthalerweg") talein, hoch über der Schlucht zur Rofenbergalm und empor zur Hütte. Der Rückweg erfolgt auf gleichem Weg.

Vom **Hochjochhospiz** kann man auch zur Vernagthütte, 2766 m, (2 Stunden, teilweise versicherter Steig) ansteigen. Von dort in 3 Stunden auf dem Hüttenweg zurück nach **Vent**.

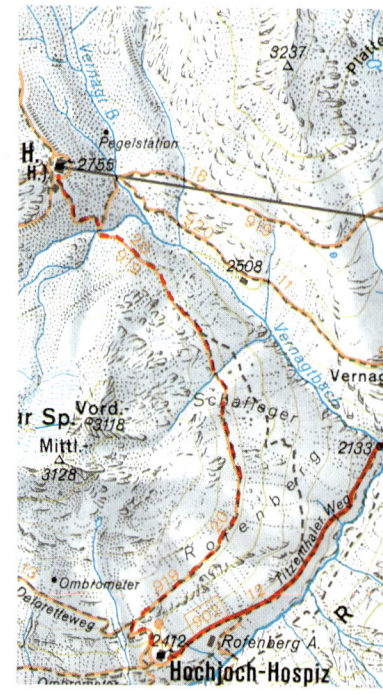

Die Rofenhöfe sind die höchst gelegenen Bergbauernhöfe Tirols.

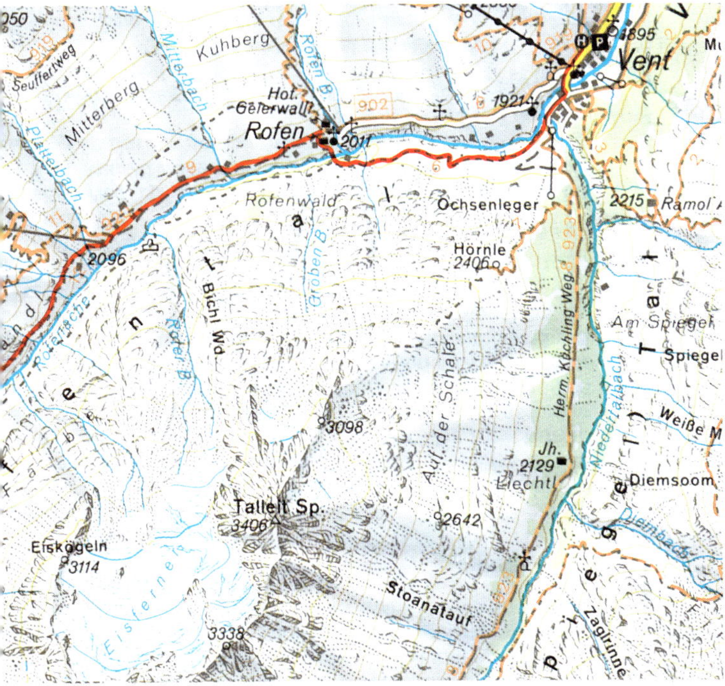

42 Martin-Busch-Hütte und Similaunhütte

Von Vent durchs Niedertal zum Alpenhauptkamm

Vent – Martin-Busch-Hütte – Similaunhütte und zurück

Talort: Vent, 1895 m. Touristischer und sportlicher Mittelpunkt des inneren Tales.
Ausgangspunkt: In der Ortsmitte von Vent.
Parkmöglichkeiten: Gebührenpflichtige Parkplätze am Ortseingang oder an der Lift-Talstation. Freies Parken im Ort nicht möglich!
Gehzeiten: Von Vent zur Martin-Busch-Hütte 2½ - 3 Std., von Vent zur Similaunhütte 4 - 5 Std., gesamter Rückweg nach Vent 3 - 4 Std.
Anforderungen: Der gesamte hier beschriebene Weg erfordert in erster Linie eine gute Kondition. Für das letzte Stück zur Similaunhütte, das über einen Gletscherrest führt, ist gutes Schuhwerk angeraten.
Höchster Punkt: Similaunhütte, 3017 m.
Einkehrmöglichkeiten: Martin-Busch-Hütte (Alpenvereinshaus), Similaunhütte (privates Unterkunftshaus).
Sehenswertes: Die imposante Eiswelt des Alpenhauptkamms zwischen Hinterer Schwärze und Fineilspitze, mit der bis 55 Grad geneigten Nordwand des Similaun, einer der eindrucksvollsten und höchsten Nordwände der Ötztaler Alpen.

Von der **Ortsmitte** halten wir uns auf der breiten, neuen Straße links hinab, überqueren die Venter Ache und gehen weiter zum südwestlichen Ortsrand.

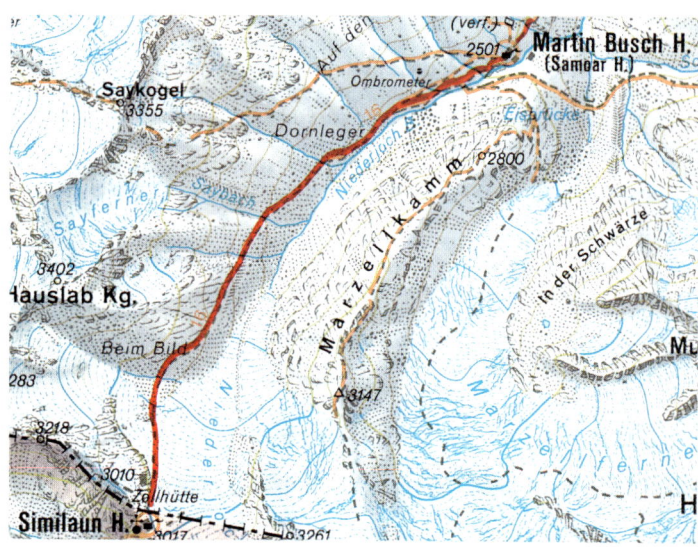

Anschließend überqueren wir die Niedertaler Ache.

Nun gibt es zwei Möglichkeiten: entweder Sie gehen auf dem breiten Weg in einer Kehre empor zum Eingang des Niedertales oder aber Sie steigen auf einem Abkürzungssteig gerade empor.

Über der Talschlucht folgen wir nun stets dem breiten Hüttenweg ("Hermann-Küchling-Weg"), der mäßig ansteigend zum **Ochsenleger** hinaufführt.

Wir folgen weiter dem talein führenden Weg und erreichen nach einer Weile die Waldgrenze. Bald darauf passieren wir die **Schäferhütte**, 2230 m (rechts).

Nun geht es immer am Hang entlang, Schließlich, nach einem etwas steileren Schlußanstieg, erreichen wir die **Martin-Busch-Hütte** auf Samoar, 2501 m.

Von der Martin-Busch-Hütte halten wir uns südwestlich auf dem bezeichneten Steig gegen die Zunge des Niederjochferners und rechts des Gletschers empor auf die nördliche Seitenmoräne.

In südlicher Richtung wird nun der Gletscher-Ast, der westwärts zum Hauslabjoch hinaufzieht, gegen das Niederjoch hin gequert.

Nun erblickt man schon die **Similaunhütte**, die am Westrand des Niederjochferners, wenige Minuten jenseits der österreichischen Grenze, liegt.

Der Abstieg erfolgt auf dem gleichen Weg.

Wer diese Wanderung gerne auf zwei Tage ausweiten will, der kann diese Tour mit Tour 43 kombinieren.

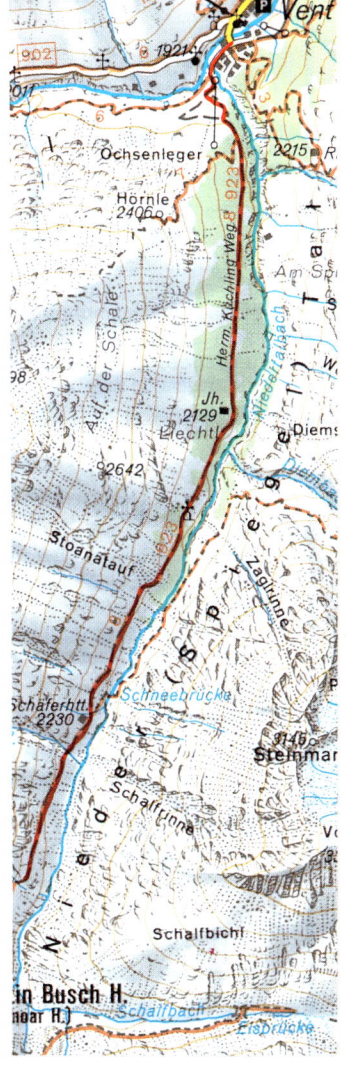

43 Kreuzspitze, 3455 m

Hoher Felsgipfel über der Martin-Busch-Hütte

Vent – Martin-Busch-Hütte – Kreuzspitze – Vent

Talort: Vent, 1921 m.
Ausgangspunkt: Martin-Busch-Hütte (auch Samoarhütte genannt), 2501 m. Auf breitem Hüttenweg von Vent in 2½ Std. in bequemer Wanderung erreichbar (siehe Tour 42). Die Hütte ist im Sommer bis Ende September bewirtschaftet. Hüttenwirt: Bergführer Hans Scheiber, Vent, Rest. Sportalm, Funk zur Hütte, Tel. im Tal:

05254 / 8162.
Parkmöglichkeit: Am Ortseingang von Vent.
Gehzeiten: Zur Martin-Busch-Hütte 2½ Std., zur Kreuzspitze 3 Std., im Abstieg 2½ Std., nach Vent 2½ Std.
Anforderungen: Durch den Höhenunterschied anstrengende Wanderung. Firnfeld und Blockwerk unter dem Gipfel.

Kreuzkamm und Kreuzspitze von Norden gesehen.

Höchster Punkt: Kreuzspitze, 3455 m.
Einkehrmöglichkeit: Nur auf der Martin-Busch-Hütte.
Sehenswertes: Die Gipfelschau von der Kreuzspitze ist gewaltig, man überblickt die Eisberge des Ötztaler Hauptkammes, im Norden die Wildspitze und im Westen die Weißkugel über dem Hintereisferner.

Die Kreuzspitze zählt zu den beliebtesten Gipfeln über Vent und der Martin-Busch-Hütte, vor allem wegen der grandiosen Gipfelschau und des gletscherfreien Anstieges.
Wer es gemütlicher angehen will, dehnt die Wanderung über 1½ Tage aus und übernachtet auf der Martin-Busch-Hütte (siehe Tour 42).
Von der **Martin-Busch-Hütte** führt ein gut ausgebauter Steig die freien Hänge aufwärts zu einer Geländestufe. Über Schutthänge weiter aufwärts. Zuletzt an den aus groben Blöcken aufgerichteten Gipfelaufbau. Von Südosten über Blockwerk und ein kleines Firnfeld zu den Gipfelfelsen. Über sie zum **Gipfelkreuz**. Der Abstieg erfolgt auf gleichem Wege.

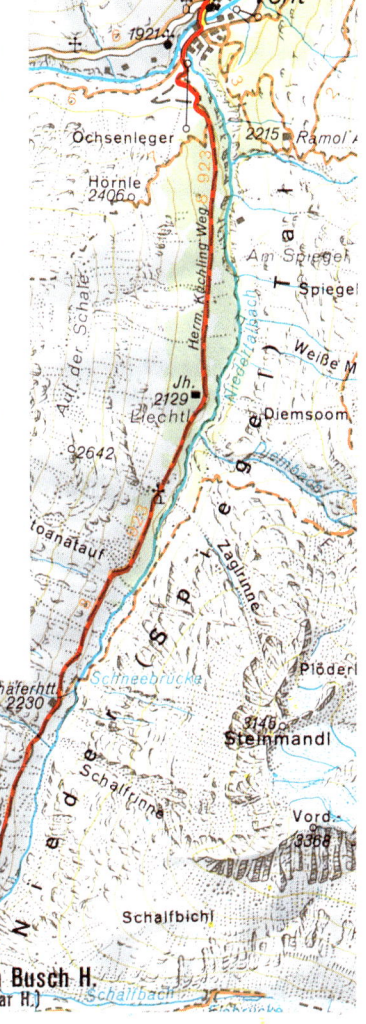

44 Gurgler Schartl, 2932 m

Zur Seenplatte am Sonnenhang über Gurgl

Obergurgl – Soomsee – Itlsee – Gurgler Schartl und zurück

Talort: Obergurgl, 1907 m.
Ausgangspunkt: Ortsmitte Obergurgl.
Parkmöglichkeit: Im Ort Parkverbot. Am besten auf dem Parkplatz am Ortseingang.
Gehzeiten: Obergurgl – Seenplatte 1½ Std., Seenplatte – Gurgler Schartl 1 Std., Rückweg 1½ - 2 Std.
Anforderungen: Gut bezeichnete Fußsteige; aufgrund der sonnseitigen Lage

eher für milde Herbsttage anzuraten.
Höchster Punkt: Gurgler Schartl (Seiter Schartl), 2932 m.
Einkehrmöglichkeiten: Nur in Obergurgl.
Sehenswertes: Die Gurgler Seenplatte auf der Sonnbergalm. Schöne Blicke auf den Ötztaler Hauptkamm und vom Schartl auch auf den Weißkamm mit der eindrucksvollen Wildspitze.

Im Blockfeld unter dem Gurgler Schartl.

Vom Parkplatz am Ortseingang kurz auf der Hauptstraße einwärts zum Ortsteil **Pirchhütt**. Bei der ersten Möglichkeit rechts ab und auf einem Fahrweg über die Wiesen hinunter zum Bach. Auf einer Brücke über ihn und nun dem Fußweg folgend nach rechts, den Hang leicht ansteigend queren, bis der bezeichnete Steig zur Seenplatte nach links abzweigt. Hierher gelangt man auch taleinwärts von Untergurgl über die Gehöfte von Poschach. Dem bezeichneten Steig folgend, über den sehr steilen Sonnenhang in vielen Kehren hinauf zur Seenplatte. Hier berührt man den Verbindungsweg von Zwieselstein über die Seenplatte zum Ramolhaus (siehe Tour 45). Nach kurzem gemeinsamen Weg rechts ab und, vorbei am **Soomsee** und weiteren verstreuten Lacken, durch das Block- und Grasgelände hinauf zum **Itlsee**, dem größten der Seen, auf ca. 2670 m. Der Steig wird nun schlechter und führt durch das Blockkar westwärts hinauf ins **Gurgler Schartl**, 2932 m. Der Abstieg erfolgt auf gleichem Weg. **Varianten**: Man kann den Abstiegsweg ausführlicher gestalten, indem man beim Soomsee (im Abstiegssinn) rechts in Richtung Ramolhaus abzweigt. Man gelangt so über die weiten, kahlen Sonnenhänge über dem Gurgler Tal taleinwärts, bis man bei den "Schäferhütten" auf den Zustieg zum Ramolhaus trifft (siehe Tour 45). Von hier in ½ Stunde zurück nach Obergurgl. Dieser Weg ist um etwa 1 Stunde länger als der oben beschriebene. Schön, aber wesentlich länger ist der Abstieg über den nördlichen Teil der Seenplatte nach Zwieselstein (bezeichnete Steige über die Lenzenalm), von wo man mit dem Postauto nach Obergurgl zurückgelangt.

45 Ramolhaus, 3005 m

Der lange Weg zur Dreitausender-Hütte

Obergurgl – Ramolhaus und zurück

Talort: Obergurgl, 1907 m.
Ausgangspunkt: Südliches Ortsende von Obergurgl.
Parkmöglichkeiten: Im Ort generelles Parkverbot. Am besten auf dem großen Parkplatz am Ortseingang.
Gehzeiten: Obergurgl – Ramolhaus 3½ - 4 Std., Abstieg 2 Std.

Anforderungen: Ausdauer, gutes Schuhwerk.
Höchster Punkt: Ramolhaus, 3005 m.
Einkehrmöglichkeit: Ramolhaus.
Sehenswertes: Von der keck auf einem Felsvorsprung gebauten Hütte hat man einzigartige Blicke auf die Gletscherwelt des Großen Gurgler Ferners.

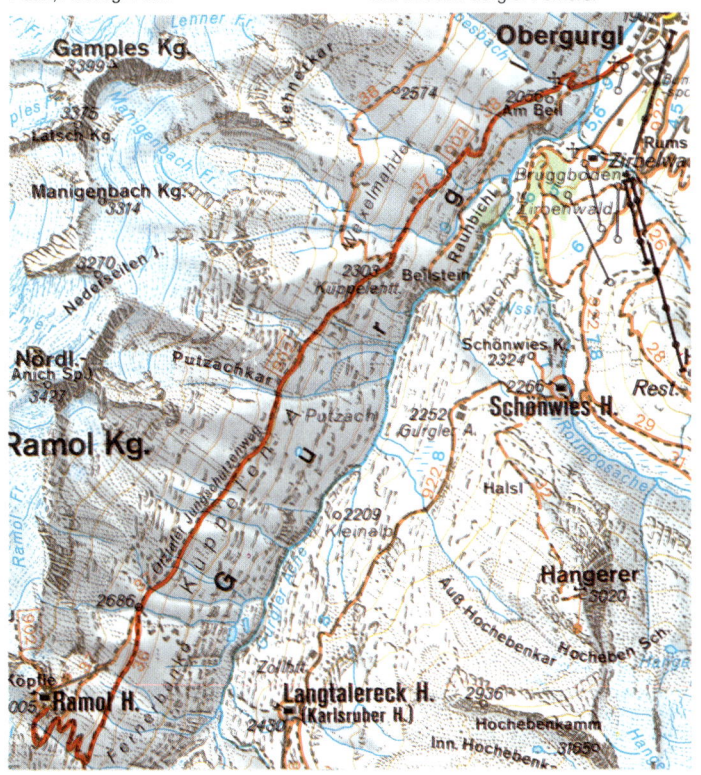

Das Ramolhaus mit Blick gegen den Alpenhauptkamm.

Man verläßt den Ort **Obergurgl** nach Südwesten. Kurz durch die Wiesen zur Ache hinunter und diese überqueren. Jenseits geht es in zwei Kehren am Talhang empor, über den kleinen Tribesbach und nun immer am Hang entlang, hoch über dem schluchtartigen Tal in mäßiger Steigung, zahlreiche Bäche querend, und über Bergmähder talein. Etwa eine Stunde über Obergurgl zweigt nach rechts der bezeichnete Weg zur **Gurgler Seenplatte** ab (siehe Tour 44). Später unter den Schrofen- und Felshängen, die vom Ramolkogel herabziehen, entlang, und zuletzt über einen Schutthang hinauf zu dem Felskopf, auf dem die **Hütte** steht. Der Abstieg erfolgt am gleichen Weg.

46 Langtalereck-Hütte, 2430 m, und Hochwildehaus, 2866 m

Hochalpine Wege um den Großen Gurgler Ferner

Obergurgl – Schönwieshütte – Langtalereck-Hütte – Hochwildehaus

Talort: Obergurgl, 1907 m.
Ausgangspunkt: Südliches Ortsende von Obergurgl.
Parkmöglichkeiten: Im Ort generelles Parkverbot. Am besten läßt man den Wagen auf dem großen Parkplatz am Ortseingang.
Gehzeiten: Obergurgl – Langtalereck-Hütte 2½ - 3 Std., Langtalereck-Hütte – Hochwildehaus 1½ - 2 Std., Rückweg 3½ - 4 Std.
Anforderungen: Ausdauer, etwas Trittsi-

cherheit und gutes Schuhwerk.
Höchste Punkte: Hochwildehaus (Karlsruher Hütte), 2883 m.
Einkehrmöglichkeiten: Schönwies-Skihütte, Langtalereck-Hütte, Hochwildehaus.
Sehenswertes: Einzigartige Gletscherwelt des Großen Gurgler Ferners, auf dem der Forscher Piccard einst mit seinem Stratosphärenballon notlandete und von Leuten aus Obergurgl geborgen wurde.

Am Hüttenweg zur Langtalereckhütte, im Hintergrund der Ramolkamm.

Den Ort Richtung Süden verlassen und kurz der schmalen Fahrstraße zum Bundessportheim folgen. Vor dem Sportheim links abzweigen und dem Fahrweg, der parallel zur Skiabfahrt verläuft, bis zur ersten Sektion des Hohe-Mut-Liftes folgen. Über die Brücke des Gaisbergbaches, nördlich an der Hohen Mut vorbei und an den Beginn des Rotmoostales, wo auf einer weiten Weidefläche die gastliche **Schönwieshütte** steht. Man folgt dem breiten Hüttenweg im Bogen nördlich weiter, bald wieder etwas absteigend, um den Felsbau des Hangerers herum, zur **Gurgler Alm**. Nun immer am Hang entlang, hoch über dem schluchtartigen inneren Gurgler Tal ansteigend, zur

Langtalereck-Hütte. Von der Hütte südwärts hinunter in das Langtal (von hier Zugang auf bezeichnetem Steig zum Langtaler Ferner), über den Bach und jenseits westwärts hinauf. Am Felskamm des Schwärzenkamms empor und zur Moräne des Großen Gurgler Ferners. Über diese mäßig ansteigend, an einem kleinen See vorbei zum **Hochwildehaus**. Etwa auf Höhe des Zungenendes des Ferners zweigt nach rechts der Übergang zum Ramolhaus ab; für geübte Geher lohnend, von hier etwa 1 Stunde (siehe Tour 45). Der Abstieg erfolgt auf gleichem Weg.

47 Hangerer, 3020 m

Lohnender Aussichtsberg über dem innersten Gurgler Tal

Obergurgl – Schönwieshütte – Hangerer und zurück

Talort: Obergurgl, 1907 m.
Ausgangspunkt: Südlicher Ortsrand von Obergurgl (Wegweiser, Fahrverbotstafel).
Parkmöglichkeiten: Im Ort generelles Parkverbot. Am besten läßt man den Wagen auf dem großen Parkplatz am Ortseingang.
Gehzeiten: Obergurgl - Schönwieshütte 1 Std., weiter zum Hangerer 2½ Std., Abstieg nach Obergurgl 2½ Std.
Anforderungen: Bequemer Spaziergang auf breitem Fahrweg zur Schönwieshütte; der Anstieg zum Hangerer erfordert etwas Ausdauer, Trittsicherheit und gutes Schuhwerk.
Höchster Punkt: Hangerer, 3020 m.
Einkehrmöglichkeiten: Skihütte Schönwies.
Sehenswertes: Vom Gipfel prächtiger Rundblick auf den Alpenhauptkamm, Ramol- und Schafkogel.

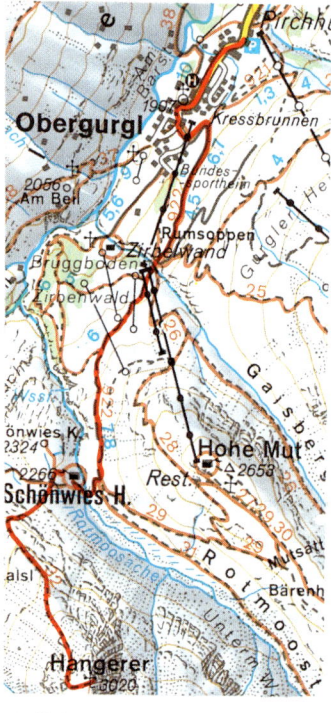

Man verläßt das dichtbebaute Ortsgebiet in Richtung Süden, folgt kurz der schmalen Fahrstraße zum Bundessportheim (Steinhäuser südlich über dem Ort), zweigt davor aber links ab (Wegweiser) und folgt dem Fahrweg parallel zur Skiabfahrt zur ersten Sektion des Hohe-Mut-Lifts.
Über die Brücke des Gaisbergbachs, nördlich an der Hohen Mut, einem beliebten Ski- und Aussichtsberg, vorbei und an den Beginn des Rotmoostals, wo auf weiter Weidenfläche die gastliche **Schönwies-Skihütte**, 2256 m, steht. Wem der Aufstieg zum Hangerer zu beschwerlich erscheint, dem sei das Rotmoostal empfohlen, wo man über weite, flache, teils sumpfige Almböden bequem bis nahe unter die Eisabstürze des Ötztaler Hauptkamms gelangt.
Aufstieg zum Hangerer: Man folgt von der Skihütte dem Weg in Richtung Hochwildehaus, zweigt aber gleich nach der Hütte, bevor der Weg wieder abzusinken beginnt, nach links ab (Markierungen, Steig anfangs sehr undeut-

Blick vom Gipfel des Hangerers gegen Südosten zum Alpenhauptkamm.

lich). Man hält sich, zunächst über die flache Wiese, an den blockig-felsigen Steilaufschwung des Hangerers. Bevor das Gelände steil wird, werden Markierung und Steig deutlich. Man steigt zunächst in der Ostflanke an, gewinnt bald den breiten, aus grobem Blockwerk gebildeten Nordrücken (Halsl), folgt dem Steig schließlich hinaus in die Westflanke und gelangt durch diese auf den kreuzgeschmückten Gipfel. An einigen Stellen im Blockwerk ist der Steig undeutlich, auf Markierung achten! **Abstieg** auf gleichem Weg zurück zur Skihütte. Als Alternative bietet sich ein Spazierweg an, der nordwestlich der Hohen Mut bei den Schleppliften links abzweigt und durch lichten Zirbenwald am Talboden entlang nach Obergurgl zurückführt.

48 Hohe Mut, 2653 m

Ein Skiberg im Sommer

Obergurgl – Rotmoostal – Hohe Mut – Gaisbergtal – Obergurgl

Talort: Obergurgl, 1907 m.
Ausgangspunkt: Südlicher Ortsrand von Obergurgl (Wegweiser, Fahrverbotstafel).
Parkmöglichkeiten: Im Ort generelles Parkverbot. Am besten läßt man den Wagen auf dem großen Parkplatz am Ortseingang.
Gehzeiten: Obergurgl – Schönwieshütte 1 Std., weiter zur Hohen Mut 1 Std., Abstieg nach Obergurgl 1½ Std.
Anforderungen: Der Weg zur Schönwieshütte ist ein bequemer Spaziergang auf brei-

tem Fahrweg; der weitere Weg folgt gut gangbaren, bezeichneten Steigen.
Höchster Punkt: Hohe Mut, 2653 m.
Einkehrmöglichkeiten: Schönwieshütte, Gipfelrestaurant auf der Hohen Mut.
Sehenswertes: Interessante Flora auf den alten Moränenböden im Rotmoos- und Gaisbergtal. Vom Gipfel schöner Rundblick auf die wildzerrissenen Gletscherberge des Hauptkammes zwischen Seelenkögeln und Granatenkogel.

Zunächst erreicht man die **Schönwies-Skihütte**, wie in Tour 46 beschrieben, auf dem breiten Weg von Obergurgl. Man geht aber nicht ganz bis zur Hütte, sondern zweigt noch auf der anderen Talseite auf einen schmaleren, bezeichneten Steig ab, der südwärts ins flache **Rotmoostal** hineinführt. Der kürzere Anstieg zur Hohen Mut zweigt nun von diesem bei einem kleinen Wiesenboden gleich links ab (Weg Nr. 29) und führt durch den steilen Grashang in wenigen Kehren hinauf zum flachen **Mutsattel**. Aus ihm über den breiten Rücken zum nur wenig höheren Gipfel mit der Lift-Bergstation. Der andere Weg (Nr. 31) führt weit hinein in den innersten Boden des Rotmoostals, nämlich bis unter die Abbrüche von Wasserfall- und Rotmoosferner. Von dort

Die Ortschaft Obergurgl.

gelangt man auf Steig Nr. 30 nach links hinaus auf den Rücken, dessen nördlichste Erhebung die Hohe Mut ist. Von hier in leichtem Gefälle hinab zum Mutsattel und wie vorher zur **Hohen Mut**. Auch für den Abstieg bieten sich verschiedene Möglichkeiten: Der kürzeste Weg zurück nach Obergurgl führt von der Bergstation wenige Schritte zurück Richtung Mutsattel, dann rechts ab und über den steilen Nordhang der Hohen Mut hinunter zum Verbindungsweg Obergurgl – Schönwieshütte. Auf ihm zurück nach **Obergurgl**.

Abstieg ins Gaisbergtal: Dieser Weg (Nr. 27) beginnt auf der Kammhöhe südöstlich des Mutsattels, dort wo der vorhin beschriebene Weg Nr. 30 aus dem Rotmoostal die Höhe erreicht. Man steigt steil in Kehren in das Gaisbergtal ab. Im Talboden trifft man auf den mit Nr. 26 bezeichneten Weg. Auf ihm talaus und zurück zum Aufstiegsweg und nach Obergurgl.

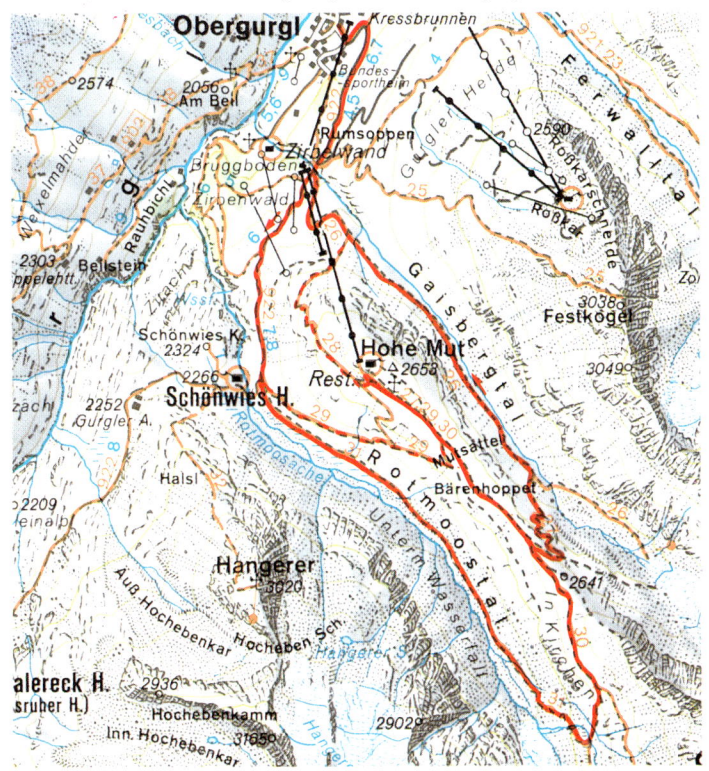

49 Festkogel, 3038 m

Interessanter Aussichtsberg

Obergurgl – Festkogel und zurück

Talort: Obergurgl, 1907 m.
Ausgangspunkt: Südlicher Ortsrand von Obergurgl (Wegweiser, Fahrverbotstafel).
Parkmöglichkeiten: Im Ort generelles Parkverbot. Am besten läßt man den Wagen auf dem großen Parkplatz am Ortseingang.
Gehzeiten: Obergurgl - Festkogel 3½ - 4 Std., Abstieg 2½ Std.
Anforderungen: Der Anstieg zum Festko-

gel ist in seinem letzten Teil durchaus anspruchsvoll und nur Geübten anzuraten.
Höchster Punkt: Festkogel, 3038 m.
Einkehrmöglichkeiten: Evtl. Restaurant an der Bergstation der Festkogelbahn.
Sehenswertes: Von beiden Endpunkten aus genießt man schöne Rundblicke auf den Alpenhauptkamm und in die südlichen Stubaier Alpen.

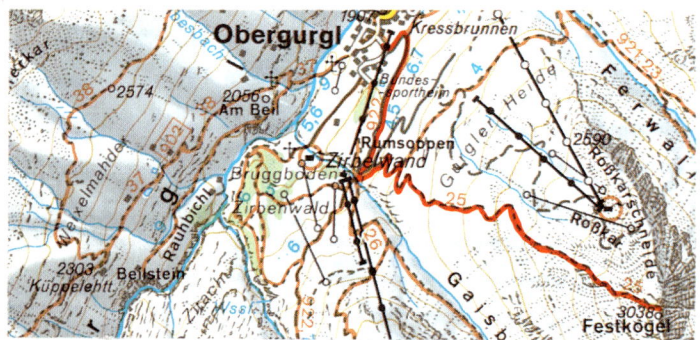

Zum südlichen Ortsrand und am Weg zur **Schönwieshütte** (siehe Wanderung 46) bis vor die Brücke über den Gaisbergbach. Etwa 50 m vor der Brücke zweigt nach links der mit Nr. 25 bezeichnete Steig ab, der in Kehren durch das Gelände steil emporleitet (bei einer Wegteilung rechts ab). Einem kleinen Steiglein folgend, die ausgedehnten Grashänge der Gurgler Heide empor zu einer Verflachung. Die Steigspuren führen weiter empor durch die Block- und Firnfelder des Roßkares, nordwestlich unter dem **Festkogel**. Weiter mühsam aufwärts auf eine Gratschulter knapp nördlich unter dem Gipfel. Über die Steilstufe des Grates auf den höchsten Punkt. Der Zustieg zu diesem Weg kann auch von der Bergstation der Festkogelbahn südwärts erfolgen. Abstieg auf gleichem Weg. Die Benützung der Festkogelbahn verkürzt die jeweiligen Wege um mehr als die Hälfte.

Der Festkogel über Obergurgl im Spätherbst, als bereits der erste Schnee gefallen ist.

50 Hochgurgl, 2154 m

Eine Rundwanderung durch das Gurgltal

Untergurgl – Hochgurgl – Königstal – Ferwalltal – Obergurgl – Untergurgl

Talort: Untergurgl (Angern), 1790 m.
Ausgangspunkt: Untergurgl.
Parkmöglichkeiten: Am südlichen Ortsrand, an der Durchfahrtsstraße.
Gehzeiten: Untergurgl – Hochgurgl 1 Std., Hochgurgl – Obergurgl 2 Std., Obergurgl – Untergurgl 1½ Std.
Anforderungen: Geruhsame Talwanderung. Eine kurze Passage am Eingang des Königstals erfordert Trittsicherheit.
Höchster Punkt: Im Königstal, 2236 m .
Einkehrmöglichkeiten: Zahlreiche Gaststätten in allen drei Orten.
Sehenswertes: Die Zirbenbestände an der Waldgrenze. Das karge Bergbauernland des Gurgler Tals.

Das Königstal gegen Süden.

Der bezeichnete Steig nach Hochgurgl beginnt südlich von **Untergurgl**, gegenüber den Gehöften von Dreihäusern (auf der westlichen Talseite). Er führt stets nahe den Wiesen durch Wald, an Untergurgl vorbei nordwärts und unter der im Sommer eingestellten Hochgurgl-Seilbahn hindurch zum Weiler Pill. Hier nun rechts ab und steil durch den bald schütterer werdenden Wald hinauf zur **Timmelsjochstraße**, die man knapp oberhalb nördlich von Hochgurgl erreicht. Man wendet sich rechts und gelangt auf der gleich links abzweigenden Straße in wenigen Minuten nach Hochgurgl. Man kann den Ort auf einem Fahrweg östlich (oberhalb) umgehen oder aber vom Kirchlein weg auf bezeichnetem Fußweg kurz südwärts zum genannten Fahrweg aufsteigen, dem man über die weiten Almböden südwärts bis zu seinem Ende folgt. Weiter auf dem bezeichneten Fußweg, der bald über der Königsbachklamm in das **Königstal** einbiegt (hier abschüssiger Wegteil, Vorsicht!). Der Königsbach wird auf einem Steg überschritten. Ein Abstecher in das recht einsame

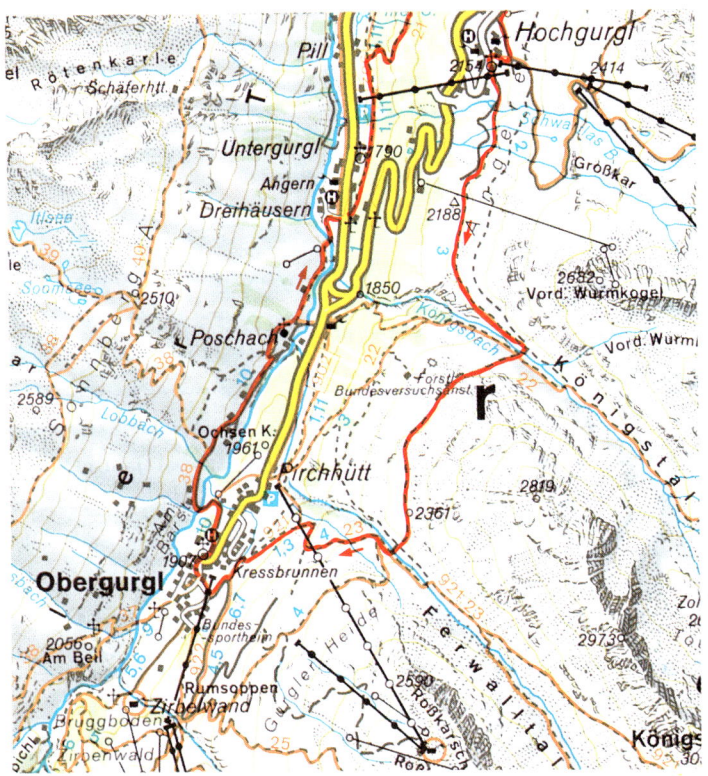

Königstal ist empfehlenswert. Jenseits des Baches zwei Möglichkeiten: Entweder gleich rechts abwärts, eine zeitlang dem Bach folgen und dann durch den steilen Talhang abwärts queren hinüber nach **Pirchhütt** (Ortseingang von Obergurgl); oder halbrechts auf dürftigen Steigen (bezeichnet) über die Böden der Inneren Haide, oberhalb der Forstversuchsanstalt vorbei bis ins vorderste **Ferwalltal** (siehe Wanderung 49); von hier absteigen nach Pirchhütt oder Kressbrunnen. Von Pirchhütt auf dem Fahrweg westwärts aus dem Ort (siehe Wanderung 44) und durch die Wiesen hinunter zur Gurgler Ache. Über die Brücke, rechts ab und auf gutem Weg stets nahe der Ache talaus nach **Poschach**, 1831 m. Vor der Ache links ab und auf schmalem Steiglein weiter auf der orographisch linken Talseite, bis man über eine Brücke nach Dreihäusern und zum Ausgangspunkt bei **Untergurgl** zurückgelangt.

Stichwortverzeichnis

Die Zahlen hinter den Begriffen sind Tourennummern, in Klammern die Seitenzahlen. Bezeichnungen wie Hohe, Große, Kleine usw. sind nachgestellt.

Frischmann-hütte 2240 m

Bewirtet vom 20. Juni
bis Ende September

Die völlig neu gestaltete Hütte des ÖTK liegt über den herrlichen Almböden der Fundusalm am Fuß des Fundusfeiler, 3080 m; sie ermöglicht nicht nur rassige Gipfelersteigungen, sondern auch die Überschreitung des Geigenkamms auf dem Forchheimer Höhenweg über einsame Jöcher von Hütte zu Hütte.

Es freut sich auf Ihren Besuch
Familie Irmgard Griesser · A-6441 Umhausen-Neudorf · Ötztal
Telefon 0 52 55/53 93, Im Sommer: 06 63/5 86 19

Gubener-Schweinfurter Hütte 2034 m

Familie
Alois Kammerlander
A-6433 Tumpen 217 – Ötztal
Telefon:
Hütte 0 52 55/57 02
Tal   0 52 55/57 92

Ein bequemer Wanderweg über Wiesen und Almen bringt Sie in 2 Stunden von Niederthai zu unserer Hütte.
Ausgangspunkt für beliebte Rundtouren, über die Jöcher zu den benachbarten Hütten: Bielefelder Hütte, Pforzheimer Hütte, Dortmunder Hütte, Winnebachseehütte. Rund um die Hütte gibt's außerdem gut erreichbare Dreitausender!

GASTHOF GRÜNER

Granstein, Sölden

Unser neuerbautes gemütliches Haus
liegt auf ruhiger Wiesenfläche 300 m über dem Talboden,
direkt am Panorama-Spazierweg Sölden–Granstein–Aschbach.
Abfahrt von der Talstraße bei Mühlau 2 km nördlich von Sölden.

Ausgangpunkt für herrliche Wanderungen.
Beliebte Jausenstation.

Für unsere Küche verwenden wir
die Erzeugnisse aus eigener Landwirtschaft.
Zimmer mit Dusche / WC. Parkplatz

Es freut sich auf Ihren Besuch
FAMILIE ERNST GRÜNER
A-6450 Granstein/Sölden, Tirol
Telefon 0/52 54/24 04

Gasthaus Hochwald
Granstein

Familie
Johann und
Adelgunde Prantl
A-6454 Sölden
Telefon 0 52 54/20 95

Ein frisches Almlüftl, Sonne, Wald und Blumenwiesen gibt's bei uns. Sie erreichen uns beim Spazierengehn über den Panoramaweg von Sölden herauf oder am Ende des Abstiegs vom Dr.-Bachmann-Höhenweg. Außerdem erwartet Sie eine zünftige Jause.

KLEBLE-ALM
2015 m

Übernachtungsmöglichkeit,
warme Küche rund um die Uhr.

**Es bewirtet Sie
Familie Franz Riml
A-6450 Sölden
Rechenau 38**

Foto: Nösig

Auf bequemen Wegen in 2 Std. zum schönsten Sonnenplatzl über Sölden! Unsere Almwirtschaft steht in einem noch urigen Almdorf mit herrlichem Blick auf die Venter und Gurgler Gletscher. Ausgangspunkt für die großartigen Rundtouren Laubkarsee – Hochstubaihütte. Von hier zum Söldenkogel.

Einmal ganz hoch droben loswandern!
Von unserer Bergstation auf 2900 m zu den Zielen:

Gletscherpfad Bergstation/Eisgrat 2900 m – Jochdohle, 3160 m. Ein unbeschwertes Gletschererlebnis für alle. Umfassender Rundblick auf die Stubaier und Ötztaler Berge. 45 Min.

Auf zum Hüttenerlebnis inmitten der Stubaier Dreitausender:

Siegerlandhütte, 2710 m

Jochdohle – Gaißkarferner – Gamsplatzl – Abstieg zur Hütte. Rückmarsch zur Gletscherbahn. Gesamtgehzeit ca. 6 Std. Übernachtung auf der urgemütlichen Hütte und Abstieg nach Sölden im Ötztal, 5 Std.

Hildesheimer Hütte, 2899 m

Jochdohle – Gaißkarferner – Hütte. Rückkehr zur Gletscherbahn, Gehzeit 4 Std. Für Ausdauernde Abstieg über Gh. Fiegl nach Sölden 4^1/$_2$ Std.

Hochstubaihütte, 3173 m

Hochalpiner Übergang, mit 3^1/$_2$ Std. kürzester Zugang! Aussicht und Bergerlebnis super!
Entweder Rückkehr zur Gletscherbahn. Oder Abstieg nach Sölden: über den neuen Steig „Himmelsleiter", oder über den Laubkarsee zur Kleble-Alm, dem urigsten Almdorf über Sölden und ins Ötztal. 4^1/$_2$ Std.

Stubaier Gletscherbahn

Ganzjahresbetrieb
Touristenkarten
Kinder unter 10 in Begleitung der Eltern frei.
Talstation 0 52 26/81 41

Bergverlag Rudolf Rother – Verlagsprogramm

Landshuter Allee 49, 8000 München 19, Telefon (089) 12 21 30-10

Alpenvereinsführer

Allgäuer Alpen
Ammergauer Alpen
Ankogel-, Goldberggruppe
Berchtesgadener Alpen
Brentagruppe
Chiemgauer Alpen
Civettagruppe
Cristallogruppe, Pomagagnonzug
Dachsteingebirge Ost und West
Eisenerzer Alpen
Geisler-, Steviagruppe
Gesäuseberge
Glockner-, Granatspitzgruppe
Heiligkreuzkofel
Hochkönig
Hochschwab
Kaisergebirge
Karawanken
Karnischer Hauptkamm
Karwendelgebirge
Kitzbüheler Alpen
Lechquellengebirge
Lechtaler Alpen
Lienzer Dolomiten
Loferer und Leoganger Steinberge
Marmolada
Mieminger Kette
Ortlergruppe
Ötztaler Alpen
Pelmo
Puezgruppe und Peitlerkofel
Rätikon
Rieserfernergruppe
Rofangebirge
Rosengartengruppe
Samnaungruppe
Schiara
Schobergruppe
Sellagruppe
Sextener Dolomiten
Silvretta
Stubaier Alpen
Tannheimer Berge
Tauern, Niedere
Tennengebirge
Totes Gebirge

Venedigergruppe
Verwallgruppe
Wetterstein
Zillertaler Alpen

Gebiets- und Auswahlführer

Adamello-, Presanella- und Baitone-
gruppe
Allgäuer Alpen
Allgäuer Bergland
Aostatal
Bayerisches Hochland Ost
Bayerisches Hochland West
Bayerische Voralpen (Kletterführer)
Berchtesgadener Alpen
Bergell
Bergamasker Alpen
Berner Alpen
Berninagruppe
Brandnertal
Bregenzerwald-, Lechquellengebirge
Brentagruppe
Dachsteingebirge
Dauphiné
Dolomiten Ost
Dolomiten West
Dolomiten mit Brentagruppe,
Mendelkamm und Gardaseebergen (Klet-
tersteige)
Dolomiten-Höhenwege 1–3, 4–7, 8–10
Nordöstliche Dolomiten
Südöstliche Dolomiten
Dolomiten, Mittelschwere Felsfahrten
Gesäuse
Glockner-, Granatspitz- und
Venedigergruppe
Gran Paradiso
Graubünden
Heilbronner Weg
Hindelang
Julische Alpen
Julische Alpen, Westliche
Julische und Steiner Alpen
Kaisergebirge
Kalkalpen, Nördl., Höhenwege
Kalkalpen, Nördl., Ost (Klettersteige)
Kalkalpen, Nördl., West (Klettersteige)